歴史文化ライブラリー
232

検証 本能寺の変

谷口克広

吉川弘文館

目　次

本能寺の変研究の流れ

謎に包まれた？ 本能寺の変――プロローグ

1　謎に包まれた本能寺の変

Whyのみ不明な事件

日本の歴史上の大事件。それればかりでなく、結果的に大きな分岐点になったともいわれている本能寺の変。この事件はどのようにして起こったのか。多くの謎に包まれた事件として、歴史研究家・作家を問わずこれまで大勢の識者たちが取り上げ、様々な推論を展開してきた。明智光秀はなぜ主君の信長を襲ったのか、謀議には光秀以外の者も加わっていたのではないか（共犯説）、光秀はだれかに動かされて立ち上がったのではないのか（関与・黒幕説）。それればかりではない。中には信長を死に至らしめたのは光秀ではない、という極端な説すら唱えられる有様であった（光秀潔白説）。

ごく近年の様子を見ても、関与・黒幕説はなおのこと多岐にわたり、光秀潔白説も消滅してはいない。本能寺の変というのは、それほど謎ばかりの事件なのだろうか。

実際のことを言うと、本能寺の変の解明の手がかりとなる史料はたくさん現存するのである。しかも、一次史料といわれる文書・日記にも、変の様子について書かれたものは多い。日本史上の事件の中には、本当にわずかな手がかりから推論を重ねなければ事件の輪郭すらつかめないものもある。それに比べると、本能寺の変は事件の全貌をつかみやすい事件であるはずなのである。

むかしから事件の報道の際、5W1Hを明示することが必須条件とされてきた。5W1Hとは、いうまでもなくWhen（いつ）、Who（誰が）、Where（どこで）、What（何を）、Why（なぜ）、How（どのように）である。本能寺の変という事件を報道する場合、この5W1Hのうち4W1Hまでは関係史料によって確認することができるのである。はっきりしないのはもともとWhy一つだけだった。

だから、謎といっても、それはWhyの解明にとどまるはずだったのだが、それが疑問のまま置かれているうちに、Whoの部分まで見直そうなどという考えまで現れてきた。先に触れたように、「主犯」は明智光秀ではない、あるいは、光秀は単に操られていただけなのだ、などという説がそれである。

なぜそのような突飛な説まで出てきたのか。それは第一に、たくさんある史料の吟味のしかたである。ひと口に史料といっても、日記・文書といった一次史料、編纂物でも良質のもの・信頼できないもの様々あり、

よい史料を素直に読むこと

それらを厳正に吟味することが基本的なことである。

その場で直接見聞した者が、記憶の確かなうちに書いたものに最も信頼を置くということは、事実を解明するための基本である。つまり、日記・文書を史料として重視することが、最も大切な姿勢である。

だが、日記・文書だけでは、断片的に様子がわかるだけで、体系的に事件の全貌はつかみづらい。どうしても編纂物の助けを借りなければならない。そこにこそ史料の吟味という作業の必要性がある。

戦国時代は後になってから成立した編纂史料が多い。事件からいくばくも経ないうちに成立したものは意外と少ない。事件の時からさほど隔たっていないものの中には、自分の直接見聞を書いたものもあるし（覚書《おぼえがき》）、事件に関係した者から話を聞いて、それを書き留めたものもある（聞書《ききがき》）。こうしたものは、それなりに尊重してよかろう。

だが、比較的早期に書かれたものであっても、記述者の思想を披瀝《ひれき》するために事実を歪曲《わいきょく》してしまったものもあるし、興味本意に改竄《かいざん》したためまるで物語になってしまったものもある。そのようなものは、極力用いないほうがよい。

第二に、史料を曲解せず素直に解釈することである。曲解してしまうだけでなく、さらに推測を重ねることにより、まったく異なる結論を導き出したという例が多く見られるのである。お互い一次史料を駆使しながらも、研究家によってまるで正反対の結論が出ているケースがままあるが、それは、史料を解釈する際の先入観のなせるわざであろう。

最近特に目立つことは、一次史料の語句の解釈にこだわるあまり、大局的に歴史的事象を眺める姿勢を欠如してしまうこと、つまり「木を見て森を見ず」の状態に陥ってしまうことである。論証の過程で、対象から一歩離れて全体を眺めるという姿勢も随時必要であると思う。

そうしたことを常に胸の中に置いて、本能寺の変を一から検証してみよう。

再現　本能寺の変

変直前の信長

それでは、ここから本能寺の変前後の織田信長と明智光秀の行動を追ってみよう。

天正十年五月——信長、最後の上洛

信長が安土《あづち》城を出発したのは、天正《てんしょう》十年（一五八二）五月二十九日の早朝だった。留守《るす》衆《しゅう》として残されたのは、蒲生賢秀《がもうかたひで》・木村高重・山岡景佐《かげすけ》といった近《おう》江《み》の国人《こくじん》出身の家臣、その他は微禄の馬廻《うままわり》たちである。この時、信長と同行したのは小《こ》姓《しょう》衆《しゅう》のみ、わずか二、三十人だったという（『信長公記《しんちょうこうき》』）。

信長の手足として戦時、平時に縦横の活躍ぶりを見せた馬廻衆はどうしていたのか。信長の嫡子信忠《のぶただ》は、安土まで上ってきた徳川家康とともに、信長に先んじて二十一日に京都に入っている（『言経卿記《ときつねきょうき》』）。馬廻の多くは、信忠と行をともにしていた。そのほかの者も、その後三々五々京都に入り、民家に宿泊して信長の上洛を待っていた様子である。

信長上洛と聞いて、京都にいる公家《くげ》たちは迎えに出た。吉田神社の神主《かんぬし》である吉田兼和（のち兼見）も、これまでと同様山科《やましな》まで出張して雨の中待ち続けた。そこへ森乱（蘭丸《らんまる》）の使者がやってきて、「御迎え無用」を告げる。兼和たち公家衆は、それを聞いて引き帰した（『兼見卿記《かねみきょうき》』）。

信長が京都に入ったのは「申刻《さるのこく》」つまり午後四時前後のことであった。前年より宿所として使っていた本能寺に入った（『兼見卿記・正本』）。

この時の信長の上洛は、京都にとどまるものではなかった。京都に四泊して、備中高松《びっちゅうたかまつ》で毛利氏と対峙している羽柴秀吉の救援に向かう予定であった（『晴豊公記《はれとよこうき》』『信長公記』）。もう一つ、まもなく渡海するはずの三男信孝《のぶたか》の四国攻めを、監視、指揮するつもりでもあった（『寺尾菊子氏所蔵文書』）。だから、当然信長と信忠の旗本たちは、戦いに臨む準備を整えて京都に入ったはずである。

図1　旧本能寺跡の石碑

六月一日——変前夜の信長

信長上洛の翌日、その宿所本能寺は、まるで皇居が一時的に移ったかのような賑《にぎ》わいだった。対面解禁とあって、堂上公家《とうしょうくげ》がことごとく本能寺を訪れたからである。

まず勅使《ちょくし》の権大納言甘露寺《かんろじ》経元と勧修寺《かじゅうじ》晴豊、太政大臣近衛前久《このえさきひさ》とその子内大臣信基、前関白九条兼孝、関白一条内基《うちもと》、右大臣二条昭実《あきざね》、その他大勢の公家たち、聖護院門跡道澄《しょうごいんもんぜきどうちょう》をはじめとする僧侶たち、京都の町人も何人か押しかけたという（『言経卿記』『日々記《にちにちき》』）。吉田兼和は、吉田神社の「神事」の都合によりこの日の訪問は取り止めた（『兼見卿記』）。

ほとんどの公家にとって、信長との対面は久々だった。前年の二月から三月にかけて、あの馬揃《うまぞろ》えのための上洛以来だったのである。久しぶりの対面で、公家たちは進物《しんもつ》を用意したようだが、信長はあらかじめ村井貞勝《さだかつ》を通じてそれを断っていた（『日々記』）。山科言経などは、せっかく進上した物を返却されている（『言経卿記』）。

信長は上機嫌だった。歓待の姿勢を通しつつ、数時間の間公家衆たちと懇談した。その中で、三月の武田氏討伐の様子、これから行われる予定の西国出陣のことなどが信長の口から語られた。西国への出陣は四日、その制圧は造作なく終了するであろう、と自信満々の口調だったという（『日々記』）。

だが、そうした統一戦の話題はさておき、信長と朝廷との間には、宿題となっている問題が二つあった。見方によっては両者の対立に発展しかねないともいえる、微妙な問題であった。

その一つは、信長の任官の問題（三職推任《さんしきすいにん》）であり、もう一つは、この年の暦に関する問題である。この公家衆たちとの懇談の場で、このうちの暦の問題が話題に上ったらしい。そして信長と公家衆との間に、見解の対立を見た様子であった。これら二つの問題については、後に説明しよう。

暦をめぐる話題で一時は不穏な空気が流れたにせよ、公家たちとの交流は無事に終了した。夜になってから、嫡男の信忠や京都所司代《しょしだい》の村井貞勝、それに京都のあちこちに分宿している馬廻たちも本能寺を訪ねてきた（『惟任謀反記《これとうむほんき》』）。昼間とはちがい、遠慮のない客たちである。信長も比較的くつろいだひと時を過ごしたにちがいない。

信忠や家臣たちが各々の宿所に戻ったのは、夜もかなり更《ふ》けてからだった（『惟任謀反記』）。信長がその身体を夜具に沈めたのは、もう真夜中になってからだっただろう。

三職推任問題と閏月問題

さて、まさにこの時信長と朝廷との間に横たわる問題として、三職推任と暦の問題のことを触れた。特に三職推任問題は、信長と朝廷との関係について考える上で重要な問題を含んでいるのだが、「関与（黒幕）説の再検証」で詳しく検討することになるので（一三一〜一三五頁参照）、ここでは簡単に述べておくにとどめる。

信長は本能寺の変のおよそ四年前、天正六年（一五七八）四月九日、突然右大臣と右近衛大将の両官を辞任した（『公卿補任《くぎょうぶにん》』『兼見卿記』）。その後は、左大臣推任の話もあったのだが、結局立ち消えになり、四年もの間朝廷の官職には就いていなかった。

そうした中で、本能寺の変の一ヵ月前にあたる天正十年五月、関白・太政大臣・征夷大将軍、どれでも信長の好む職に就かせる、といういわゆる「三職推任」という事態が起こるのである（『日々記』）。

「三職推任」の勅使《ちょくし》は、わざわざ安土を訪れて信長に会う（『日々記』）。しかし、そこで信長がどのような返事をしたかは明らかでない。

もしこの時に返事を保留したのならば、信長は最後の上洛になったこの時にはっきりした意思を示すはずだっただろう。だが、本能寺の変の勃発により、それは永遠の謎になってしまった、ということになる。

暦の問題、つまり閏十二月にするか閏正月にするか、という問題は、三職問題に比べると小さいことかもしれない。しかし、これについて触れている論者の中には、「時」を支配するのはむかしから帝王の大権であった、信長はそれをも侵そうとした、などと言う者もある。そして、そのように言う者は、「朝廷黒幕（関与）説」の根拠の一つとしてこの件をあげているのである。

たしかに、むかしから造暦は陰陽寮《おんみょうりょう》に属する暦博士《れきはかせ》の仕事であり、賀茂《かも》氏が代々司《つかさど》っていた。ここで造られる暦は中国の唐の時代に用いられていた宣明暦《せんみょうれき》に基づくもので、「京暦」と呼ばれて、唯一の公的な暦とされていた。

ところが、戦国時代の頃は、この京暦が全国であまねく用いられていたわけではない。地方のあちこちに造暦者がいて、京暦とは違った暦を局地的に普及させていたのである。

その中でも、三島《みしま》大社の造る三島暦が最も古くて人々の信用もあり、関東・甲信から東海にかけて広く用いられていた。

その三島暦と京暦との間に、この時、大きな違いが生じた。京暦では天正十年には閏月はなし、翌十一年一月の後に閏一月を置いたのに対し、三島暦では十年十二月の次を閏十二月にしたのである。元旦が一ヵ月ずれてしまうのである。

信長は尾張《おわり》出身だけに、三島暦のほうに慣れていたのだろう。京暦に対してそれほどの権威を感じてはいなかったようである。それで、どちらの暦が正しいか、討論させようとした。一月二十九日、陰陽頭で当時京暦を造っていた土御門久脩《つちみかどひさなが》と暦博士の家である賀茂在昌《ありまさ》を安土に呼んで、「濃尾之暦者」なる人物と対決させたのである。吉田兼見によれば、「濃尾之暦者」はただの唱門師《しょうもじ》（下級陰陽師）だったという（『兼見卿記』）。信長の公平な姿勢と同時に、京暦への不信も現れている。判者あるいは証人としてだろう、前関白近衛前久もその場に臨んだ（『日々記』『兼見卿記』）。

ところが、その時の対決では、どちらが正しいか判定できなかった。それで信長は、京都でもう一度再検討して、二月七日までに知らせるよう近衛に命じて、討論を中断させた（『兼見卿記』）。

京都では、二月三日から五日まで、土御門・賀茂、それに当代きっての儒医ながら中国の古典にも詳しい曲直瀬道三《まなせどうさん》（玄朔《げんさく》）も加わって、論議が続けられた。議場としては、近衛邸のほか、信長の京都代官である村井貞勝の邸宅も使われた。その結果、京暦が正しい、この年には閏月を置かない、という結論に達したのである（『日々記』）。

信長がこの結論に納得したかどうかはわからない。しかし、その後はずっと暦のことは蒸し返されることがなかった。それがどうしたわけか、六月一日のこの席で話題になった。そして信長は、またも京暦に対する不信を持ち出したのである。それに対して勧修寺晴豊はその日記の中で、「これ信長むりなる事候」と批判している（『日々記』）。

天正十年もすでに半ば近く過ぎている。そこへきて、もし信長が閏十二月を主張したとしたら、まさに勧修寺晴豊の言う通り「むりなる事」である。信長もそこまではこだわらなかった様子である。

しかし、信長がこの問題を蒸し返したのには十分な理由があった。それは、桐野作人氏が書いている通り、まさにこの日、天正十年六月一日という日が日食だったことを、京暦が予測できなかったからである（同氏『真説本能寺』）。日食が起こった時刻については明らかではないが、信長と公家衆との懇談の最中にかかった可能性もある。

日食の時の日光は汚《けが》れとされ、天皇の身体を汚れから遮るため御所を薦《こも》で包むのが慣例であった。この慣例は江戸時代まで続いている。さらに将軍に関しても、鎌倉時代から室町時代にかけては同様に汚れた日光から身体を守るということがなされていた（黒田日出男『王の身体 王の肖像』）。

信長がそうした迷信にひどくこだわったとは思えない。しかし、朝廷にとっては大事であるべき日食さえ予測できなかった京暦に対して、不信の念を新たにするのは当然すぎるほど当然であろう。

本能寺の変を伝える史料

良質史料のみ用いること

暦の問題にかなりの紙面を割いてしまったが、前節の記述の目的は、本能寺の変直前の織田信長の動きを辿《たど》ることである。典拠となる史料をいちいち明記したのは、十分に信頼できる史料だけでこれだけ辿れるということを知ってほしいからである。前節で用いた史料は、『信長公記《しんちょうこうき》』と『惟任謀反記《これとうむほんき》』を各二ヵ所ずつ使っているが、あとはすべて日記と文書である。筆者が言いたいのは、まず良質の史料のみで事件を辿ることを心がけよ、ということである。

一概に「史料」と呼んでいるものの中には、良質なものもあればそうでないものもある。「歴史」を綴《つづ》るためには、最初に過去をきちんと再現させねばならない。そのためには、根拠とすべき文献史料の吟味が大切なのは、前に述べた通りである。

例えば、変の直前に明智光秀は丹波《たんば》・近江《おうみ》の領国を召し上げられ、未征服の出雲《いずも》・石見《いわみ》に国替《くにが》えになったという。また、謀反の三年前にあたる丹波八上《やがみ》城攻めで光秀は、老母を人質としてようやく開城させたが、信長は光秀の約束を無視して敵将を殺したという。一般の読者のみならず、研究家の一部にもこうしたことを信じている者がある。しかし、そのようなことは、変から百年以上たって出された『明智軍記』とか同じく『織田軍記』（『総見記《そうけんき》』ともいう）などという本に初めて書かれたことなのである。そのまま信じるわけにはいかないのは当然のことである。

最も質のよい史料は、いうまでもなく当時の人の手に成る日記や書簡である。特に日記は、書簡よりも事件のあらましを連続的に知らせてくれる。ただ、日記だけだと、体系的に事件を把握することまではむずかしい。だから、どうしても編纂史料に頼らなければならない。ところがこの編纂史料こそ玉石混交なのである。

事件からいくばくもない時期に書かれたものは比較的質がよいのは当然である。だが、たいていの場合、筆者は現場にいたわけではないから、その記事がどんな立場の者から聞いて書かれたものなのかを知ること、あるいは推測することが必要である。また、たとえ何十年かたってから書かれたものでも、事件現場にいた者が書いた文献（覚書《おぼえがき》という）なら、早くに書かれたものに匹敵するか、それ以上の史料価値があるだろう。

事実解明のためには、なるべくならここまでの史料で済ませたい。しかし、かなり後になって編纂された本の中にも、良質史料に基づいて書かれた良心的なものがないでもない。そのような史料は参考にする価値はある。

では、本能寺の変を再現するためには、何という史料をどのように用いればよいのか。具体的に説明してみよう。

(1)　手がかりとなる史料（記録・文書）

まず一次史料といわれる日記と文書、それに日記に準じた記録である。これらは記主の主観や書き癖などに注意をすれば、だいたい信じてもよいものである。

『言経卿記』

権中納言山科言経《やましなときつね》の日記である。山科家は「羽林家《うりんけ》」といって、大納言・中納言どまりの中流公家の家だが、父の言継《ときつぐ》は信長との交流が深く、言経も公家《くげ》同士の付き合いのほかに、医薬の精製などを通じて武家たちとの交際が頻繁にあった。彼の日記は、筆まめだった父の『言継卿記』ほどではないが、ほとんど遺漏なく、かつ保存もよく当時の貴重な史料になっている。天正十年六月一日の記事は、本能寺に参上した公家のメンバーを四十人も列挙するなど詳細である。

『兼見卿記』　記主の吉田兼和（のち兼見）は神祇大副《じんぎだいふく》の官を持ち、洛外吉田山にある吉田神社の神主《かんぬし》を務めている。変の三年前に信長のおかげで昇殿《しょうでん》を許され、つい一ヵ月前に従三位に叙されてようやく公卿《くぎょう》に連なった程度の家である。だが、前関白で太政大臣の近衛前久《さきひさ》の家礼《かれい》（家来）である関係もあって、正親町《おおぎまち》天皇や皇太子・誠仁《さねひと》親王の信任が厚く、一方、光秀や細川（長岡）藤孝《ふじたか》たちとの親交も深かった。

彼の日記の天正《てんしょう》十年（一五八二）の部分は二編伝わっている。正本と別本である。変とその後の光秀の敗死によって不都合が生じて、その年元旦からの日記を書き直したのである。六月十二日で終わっている別本のほうがもともとの日記、年末まで続いている正本は書き直したものである。

『晴豊公記（晴豊記）』『日々記』　勧修寺晴豊《かじゅうじはれとよ》の日記。晴豊は本能寺の変当時は権中納言にすぎなかったが、妹晴子は皇太子誠仁親王の妃であり、また、武家伝奏《ぶけてんそう》として信長との接触が多かった。彼の日記は『晴豊公記』ないし『晴豊記』と呼ばれているが、これとは別に伝わってきた『日々記《にちにちき》』も、岩沢愿彦《よしひこ》氏によってその脱漏部分と証明されている（「本能寺の変――『日々記』所収天正十年夏記について」『歴史地理』九一―四）。その『日々記』のうちの天正十年四～六月の部分は『天正十年夏記』とも呼ばれ、本能寺の変の様子を伝える貴重な史料である。三職推任の記事も『天正十年夏記』の部分にあり、推任の事実を語る唯一の史料となっている。

『多聞院日記』　興福寺《こうふくじ》多聞院《たもんいん》の院主・英俊《えいしゅん》の日記。英俊は学侶《がくりょ》といって、学業を任務とする僧である。記事は詳細だが、奈良に居住した者の記録だけに、京都で起こった事件に関しては誤聞が多い。しかし、後に事実が判明すると、「ウソ」と加筆する良心的な記主である。

『御湯殿の上の日記』　天皇の常住した御殿内の御湯殿上《おゆどののうえ》の間に置かれた日記帳に、当番の女官が交代で記した日記である。記主の女官は天皇近侍の者なので、主に天皇の動静についての記事が多い。信長と朝廷との関係を知るための貴重な史料なのだが、天正十年の部分は紛失しており、本能寺の変についての記事はない。

『宇野主水日記（鷺森日記）』　本願寺顕如の右筆《ゆうひつ》・宇野主水《うのもんど》が記した日記。顕如《けんにょ》が紀伊《きい》鷺森《さぎもり》に住んでいた天正八年四月から十一年六月までの部分は、『鷺森日記』とも呼ばれている。『多聞院日記』と同じく記主が京都から離れていることのほか、必ずしも日を追っておらず、何日分かまとめて記しているところがあるので注意を要する。

『蓮成院記録』

興福寺蓮成院《れんじょういん》に伝わってきた記録で、日記風に月日を追って書かれているが、日記ではない。『多聞院日記』その他の日記やメモをもとに後に整理された記録である。天正九、十年の部分は蓮成院の釈迦院寛尊《しゃかいんかんそん》の筆記で、変から二年後、あるいはそれより少したってから整理されたものらしい。

『津田宗及茶湯日記（天王寺屋会記）』

『天王寺屋会記』というのは、堺の豪商《ごうしょう》天王寺屋《てんのうじや》の当主・津田氏三代による茶会の記録。信長の頃の当主は宗及《そうぎゅう》なので、信長関係の研究には宗及による記録が用いられる。自分が主催した会の記録は「自会記」、他人の会に出席した時の記録は「他会記」と分けて編集されている。内容は茶会に用いられた道具、料理、参会のメンバーが中心だが、風聞を書き込んだところもある。ただ、正確には日記ではなく、後日になってから記したところもあるので注意を要する。

関係文書

本能寺の変直前の信長発給文書、変前後の光秀発給文書も少数ながら現存する。その他、信長家臣、敵対者陣営、公家など関係者の文書まで入れると、かなりの数の文書が伝わっている。ただ、書状（私的な文書）の場合は、年の記載がないのがふつうの形である。それらは、文面により発給年を判断することになる。発給者の花押《かおう》、あるいは発給者・宛名の人物の名乗《なの》りによって発給年を推定する場合もあるが、そうしたケースはそう多くはない。

(2)　手がかりとなる史料（覚書・編纂物）

覚書・編纂物は先に述べた通り玉石混交だが、それらのうち比較的良質で、本能寺の変について叙述するためにかなり参考になるものを紹介しよう。

『信長公記』　信長の側近として天文《てんぶん》年間（一五三二～五五）から傍《かたわ》らに仕えた太田牛一《おおたぎゅういち》の手に成るものである。現在、七十余りの写本が伝わっており、中には牛一自筆のものもあるが、いずれも江戸時代になってから筆記されたものである。しかし、それらのもとになった原本は、慶長《けいちょう》三年（一五九八）にはほぼ出来上がっていた（『義演《ぎえん》准后日記《じゅごうにっき》』）。しかも、筆者が奥書《おくがき》で述べている通り、日記のついでに作ったメモをもとにして綴った文献史料である。信長の伝記を体系的にまとめた文献の中では、最も古くかつ記事が正確なので、信長研究の基本的な史料とされている。

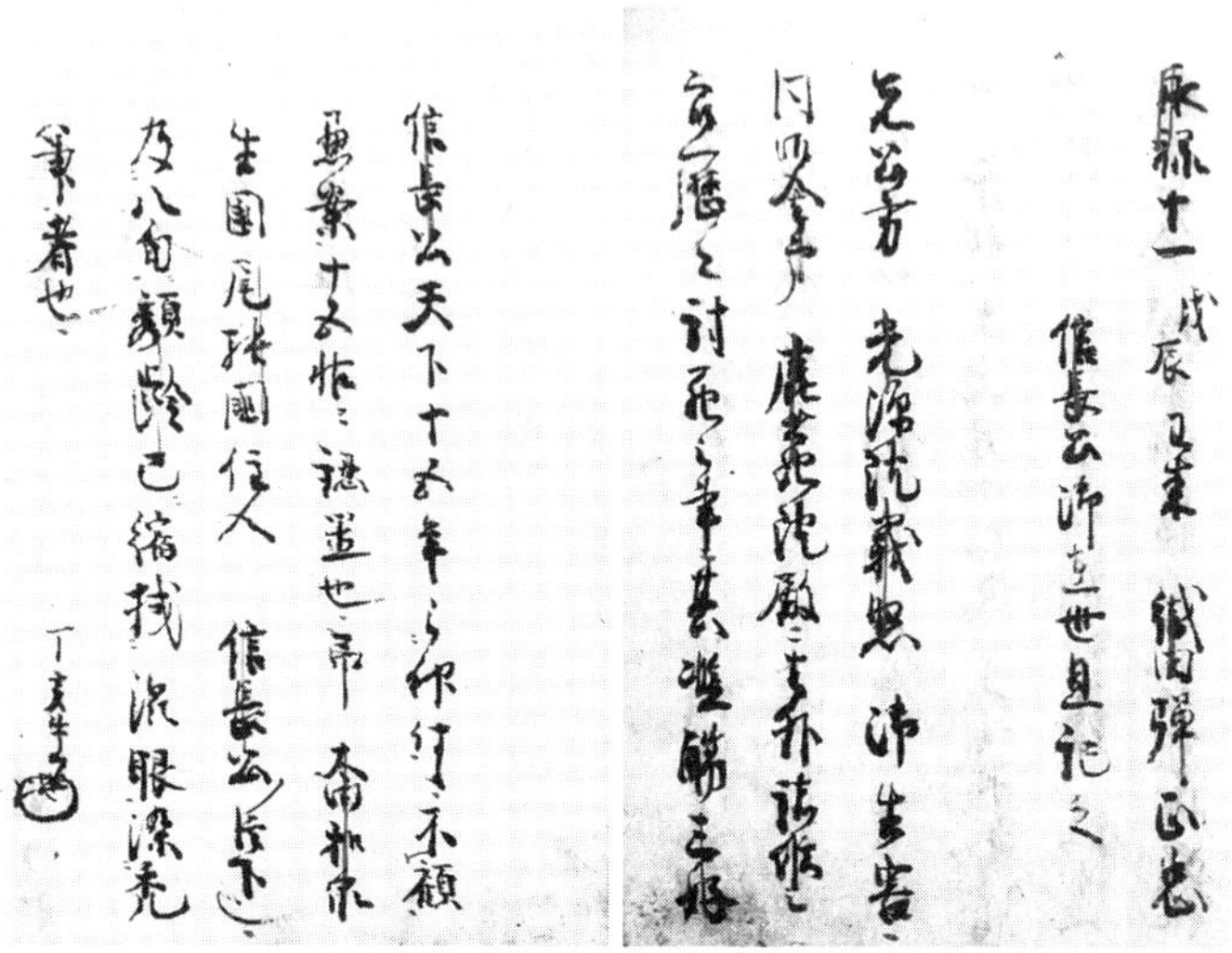

図2　信長公記（池田家文庫本，巻首と巻尾，岡山大学付属図書館蔵）

本能寺の変については、その最終巻（第十五巻）の末尾部分に書かれているが、自筆の池田家本の中に、信長が奥に引っ込んで切腹《せっぷく》するまで本能寺には女性たちがおり、彼女らが後に牛一に経緯を語ってくれた、ということが書かれている。牛一自身は本能寺にいたわけではないけれど、決して想像のみで書いた記事ではないことがわかる。

『惟任謀反記（惟任退治記）』

秀吉は御伽衆《おとぎしゅう》として傍らに仕える大村《おおむら》由己《ゆうこ》に、折あるごとに自分の伝記を書かせていた。総括して『天正記』と呼ばれ、十数編はあったらしい。現存するのはそのうちの八編だけだが、その一つが『惟任謀反記』である。内容は、武田氏討伐戦から始まって、秀吉の中国出陣、本能寺の変、山崎《やまざき》の戦いと進み、信長の葬儀で終わっている。奥書には「天正十年壬午十月十五日　大村由己これを誌す」とあるが、十月十五日は信長の葬儀の当日である。実際に書かれたのはもう少し後だろう。

事件から間もなく書かれた文献史料として高く評価されがちだが、本能寺の変に関しては見聞した者の話をどれだけ取り入れたかは疑問である。また、美文調《びぶんちょう》で綴られているだけに修辞が多く、常に秀吉を賛美の対象としていることも、史料としては欠点になっている。

なお、『秀吉事記』というのは『天正記』のうちの六編を後に写してまとめたもので、その中では『惟任退治記』という題名になっている。

『立入左京亮入道隆佐記（立入宗継記）』　禁裏御倉職立入宗継《きんりみくらしきたてりむねつぐ》の覚書である。一巻の小冊子であり、内容には本能寺の変についての見聞は含まれていないが、馬揃えの記事などに信長と朝廷との関係を知るための手掛かりがある。

『本城惣右衛門覚書』　丹波の土豪《どごう》出身で、本能寺を襲った明智軍に属していた本城惣右衛門《ほんじょうそうえもん》という武士が、寛永《かんえい》末年に記した回顧録。天理大学図書館に伝わっている。本能寺襲撃の件はわずかの記事にすぎないが、襲撃に参加した者からの証言として貴重である。

編纂物を用いるには限界がある、とはいっても、信長についての論述にはやはり『信長公記』を基本とせざるをえない。また、『惟任謀反記』を含む『天正記』は、秀吉に関しては『太閤記《たいこうき》』を凌《しの》ぐ基本史料といえるだろう。美辞麗句が多いとはいっても、事件の後いくばくもない時に書かれたということは史料として強みである。『本城惣右衛門覚書』は、変からずっと後に書かれたものだが、なんといっても事件当事者の回想である。他の覚書や聞書などとは格別に扱わねばならないだろう。

(3)　参考になる史料

さて、以上三点のほかに、無視できない史料があるので、次に紹介しよう。

『川角太閤記』　筆者は明らかではないが、桑田忠親氏は、田中吉政の家臣だった川角三郎右衛門《かわすみさぶろうえもん》と推測している。成立は、本能寺の変から約四十年たった元和《げんな》七年（一六二一）から九年頃という。「太閤記」と銘打っているものの秀吉の一代記ではなく、『信長公記』の後を受けて史実を綴ろうという意図のもとに書かれたもので、本能寺の変から筆を起こしている。秀吉ら登場人物は生き生きと躍動しており、「さもありなん」と思わせる記事が多いだけにとかく歴史の記述に用いられがちだが、実際には誤りも多いので、いちいち検討が必要である。

本能寺の変に関しては、生き延びた二人の明智旧臣からの聞書をもとにしたという。したがって、明智軍の動きなど概略については信じてもよさそうだが、光秀自身の言動など細かい部分の記述まで採用するわけにはいかないだろう。

なお、国立公文書館内閣文庫に所蔵されている『別本川角太閤記』は、これとはまったく別の本である。

『豊　鑑』　竹中半兵衛重治の子重門《しげかど》が、最晩年に記した秀吉の伝記である。成立は寛永九年（一六三二）だから、本能寺の変から五十年もたっている。誤記もあるけれど、筆者は幼少から秀吉の近辺で過ごした者だけに、秀吉のことに関しては見逃せない記事も多い。

『当代記』

筆者不詳。成立は寛永年間（一六二四〜四四）。記事は信長の上洛以前から始まり、江戸時代初期に至る。江戸時代初期の政治・社会の様子を知るための基本的史料だが、信長の時代に関しては、小瀬甫庵《おぜほあん》の『信長記』に拠ったところが多く、決して信憑性の高い史料とはいえない。しかし、他の史料には見られないながらも史実と思われる記事が散見し、筆者が確実な資料をもとに記述した跡もうかがえる。

『イエズス会日本年報』『日本史』

日本に滞在して布教活動をしていたイエズス会宣教師が、毎年の出来事をまとめて総長宛てに送った報告書が『イエズス会日本年報』（耶蘇会士日本年報）である。一五七九年に始まっており、それ以前は、随時書簡をもって報告していた。本能寺の変の含まれる一五八二年はルイス・フロイスが担当しており、変については一五八二年十一月五日（邦暦では天正十年十月二十日）付の「日本年報追加」の中に記されている。

『日本史』は、フロイスが総長の命令によって、ザビエルの渡航以後の、日本におけるキリスト教布教の様子を本にまとめたものである。信長の登場するあたりは、年報ないし書簡で報告された記事と比べ、わずかに追加された部分があるだけで、内容はほぼ同じである。

フロイスは何度も信長に面会して歓談しており、信長に関しては彼の手による記述がほとんどを占めている。西洋人のリアルな観察は、当時の日記や文書には現れない様相を写し出しており、貴重な史料なのだが、キリスト教を通した偏見に注意しながら用いるべきである。それにフロイスについては、上司のヴァリニャーノから誇張癖《こちょうへき》があると評された人物であり、表現のみならず、書かれた事柄に関しても吟味する必要がある。

『信長記』『三河物語』

先に解説した史料に続くものとして、小瀬甫庵の『信長記』と大久保忠教《ただたか》（彦左衛門）の『三河《みかわ》物語』をあげる。

『信長記』は、太田牛一の『信長公記』を儒教の色彩で改竄《かいざん》して史料価値を落してしまった本である。『信長公記』がしっかりと伝わっているから、いまさら『信長記』を参考にする意味もないが、後に紹介する『総見記』などよりはよほどましな本なので、ここに置いておこう。

『三河物語』の中にある本能寺の変関係の記事はわずかだが、これまで引用されることも何度かあったので、ここにあげておきたい。変当時彦左衛門は二十三歳。だが、信長に接触する機会が乏しく、また、京都から離れた所にいた者の叙述だけに、あまり参考にしないほうが無難である。

(4)　そのまま信じてはいけない史料

このあたりまでは、編纂物といえども用い方次第で役に立つこともあろう。だが、とかくそのほかの本も、史料として用いられがちなのが実状である。例えば次のような本にある記事が無批判に用いられることもある。

『総見記（織田軍記）』『明智軍記』　いずれも本能寺の変から百年以上もたってから書かれたものである。信長に関しては『信長公記』という基本史料があるから、わざわざ『総見記』などを用いる者も少ないが、光秀に関してはほかにまとまった本がないだけに、『明智軍記』に書かれたことを史実として用いてしまうケースが多い。最も注意を要する史料といえるだろう。

六月一日現在の織田諸将の配置

信長最晩年の方面軍編成

本能寺の変前日にあたる天正《てんしょう》十年（一五八二）六月一日、織田信長の宿所本能寺には、小姓《こしょう》たち二、三十人、中間《ちゅうげん》・小者《こもの》、それに女性たちを入れても百人ほどの者しかいなかった。これまでの信長の戦いで目覚ましい活躍をした馬廻は、京都の方々に分宿していた。その人数は、侍身分の者だけなら四、五百ぐらいにすぎなかっただろう。

信長の版図が日本全国の半分になろうとしていたこの時にあっては、彼の統一事業を支えていたのは有力部将たちの軍勢、特に方面軍というべき大軍団だったのである。

信長の最晩年、いわゆる方面軍は次の通りに配置されていた。

北陸方面軍（司令官　柴田勝家《かついえ》）
畿内方面軍（近畿管領《かんれい》軍とも、司令官　明智光秀）
中国方面軍（司令官　羽柴秀吉）
関東方面軍（関東管領軍とも、司令官　滝川一益《かずます》）
四国討伐軍（司令官　神戸信孝《かんべのぶたか》）

これらの方面軍のほかに、同盟者徳川家康の軍も、信長の命令通りに動く大軍であり、周囲の大戦国大名に単独で立ち向かえる力を持っている。先にあげた五つの方面軍と実質上の違いはなく、織田軍の東海方面軍といってよい存在であった。家康軍も合わせたこれら強力な六軍は、六月一日にどこで何をしていたのだろうか。

北陸方面軍

まず北陸方面軍。柴田勝家を司令官とし、佐々成政《さっさなりまさ》・前田利家《としいえ》・佐久間盛政《さくまもりまさ》ら有力部将が麾下《きか》に属している大軍である。与力《よりき》とはいっても、佐々は越中《えっちゅう》、前田は能登《のと》それぞれ一国に封じられた国持ち大名であり、佐久間も柴田の代理の形で加賀《かが》の大部分を管轄する立場だった。おそらく二～三万もの兵力を保持していたであろう。

この軍の任務は、最初は加賀の平定であり、加賀一向一揆《いっこういっき》と熾烈《しれつ》な戦いを繰り広げてきた。一向一揆との戦いの中で、一時上杉謙信《うえすぎけんしん》が西方まで進出し、これと矛を交えたこともあった。天正八年（一五八〇）末に加賀一向一揆の息の根を止めると、軍は一気に能登・越中へと進んだ。敵は上杉氏に絞り込まれたのである。能登の平定は完了し、越中も不安定ながらも大部分は占領を済ませた。三月、軍勢は越中東端に近い魚津《うおづ》城を囲んだ。上杉景勝《かげかつ》は後《うしろ》巻《まき》に来たものの反撃に出られず、魚津城を捨てて軍を引いてしまう。六月三日、すなわち変の翌日、北陸方面軍は総攻撃をかけ、ついに城を落とした。つまり変当日、北陸方面軍は、越中魚津に釘付けになった状態だった。

中国方面軍

天正五年十月、羽柴秀吉は播磨《はりま》平定を命じられて初めて播磨に入国した。しかし、そして、たちまち播磨のみならず隣国但馬《たじま》をもおおむね平定した。しかし、翌年二月に播磨最大の国衆別所《べっしょ》氏が離叛し、以後、二年間にわたる苦戦を続ける。同八年、別所氏を滅ぼして播磨全域を平定、但馬をも再平定したこの秀吉の軍団は、次には西方の強敵毛利氏と対峙することになる。いわゆる中国方面軍である。

中国方面軍はさらに西方へ進出して毛利方勢力と戦う。備前《びぜん》・美作《みまさか》を勢力圏に収めている宇喜多直家《うきたなおいえ》は秀吉の麾下に参じている。秀吉はしばらくは山陽方面は宇喜多に任せ、山陰方面に力を注いだ。因幡《いなば》鳥取《とっとり》城を攻めてこれを抜き、東伯耆《ほうき》の南条氏をも味方にした。

図3　豊臣秀吉（大阪城天守閣蔵）

天正十年の時点の中国方面軍は、播磨・淡路《あわじ》・但馬・備前・因幡全域を配下に収め、伯耆・美作・備中で毛利氏と争うという形勢になっていた。北陸方面軍と同じく二〜三万の兵の動員が可能な大軍団である。

五月より備中高松城を水攻めにして包囲したところ、毛利輝元《てるもと》自ら出馬、吉《きっ》川《かわ》・小早川《こばやかわ》軍も参陣するという全軍体制で後巻きに乗り出してきた。秀吉は、毛利氏と交渉して講和への道を探る一方、信長に連絡して援軍を請うた。信長は、明智や摂津《せっつ》の池田たちの軍を派遣するとともに、自らも中国方面に出張する予定を立てた。

関東方面軍

この年三月、宿敵武田氏を滅ぼした信長は、武田氏の旧領を信忠軍団に属する部将たちに分け与える一方、武田・上杉・北条三氏の競合の場であった上野《こうずけ》に滝川一益を封じた。滝川は上野の厩橋《まやばし》（前橋）に本拠を定めた。そして滝川には、

「関東八州の御警固」「東国の儀御取次」（『信長公記』）の役割が命じられたのである。小瀬甫庵の『信長記』などには「関東管領《かんとうかんれい》」として表れる地位である。

わずか二ヵ月で瓦解する役割だけに、滝川と北条氏及び北条氏麾下の大名との関係については不明なことが多い。北条氏は当時、信長と同盟を結んでいる。同盟とはいっても力関係では大きな差があり、実質的には信長の代官である滝川に従わざるをえないが、形の上では縦の関係は成立してはいない。しかし、北条氏以外の大名に関しては、上野のみならず下野《しもつけ》西部や武蔵《むさし》北部の者も滝川のもとに出仕している。このまま滝川の関東支配が続いたならば、北条氏の実質支配地域は関東南部のみに追い込まれてしまったであろう。

滝川の役割には、伊達《だて》氏・蘆名《あしな》氏をはじめとする陸奥《むつ》の大名を従属させるという任務もあった。そして、その仕事は早くも実行されていた。伊達も蘆名も、滝川と連絡してその指示を仰いでいる。関東のみならず陸奥をも自分のもとに従わせる、という大きな可能性を持っていたのがこの時期の滝川の地位であった。

将来的に考えると、北関東の諸大名のみならず、北条氏をも、さらには陸奥の群雄をも包括したかもしれない滝川軍団だが、その支配力はまだ浸透せず、上野一国すら掌握しきれない段階であった。本領北伊勢から連れてきた兵、それに新領の上野および信濃《しなの》二郡の兵を合わせても一万数千といったところであろうか。「関東管領軍」と呼ばれることが多いが、ここでは「関東方面軍」と呼んでおきたい。

四国討伐軍

四国の長宗我部元親《ちようそかべもとちか》討伐を決めた信長は、五月七日付けで四国討伐軍の総大将に任命した三男の神戸信孝に朱印状《しゆいんじよう》を発給している（『寺尾菊子氏所蔵文書』）。以後の考察に関係することが多いので、全文を読み下しにして掲げておく。

今後四国に至って、差し下すに就きての条々

一、讃岐《さぬき》の儀、一円其方に申し付くべき事

一、阿波《あわ》の儀、一円三好山城守《みよしやましろのかみ》（康長《やすなが》）に申し付くべき事

一、其外両国（土佐《とさ》・伊予《いよ》）の儀、信長淡州（淡路）に至って出馬の刻、申し出すべきの事

右の条々、いささかも相違《そうい》なく相守《あいまも》り、国人等の忠否を相糺《ただ》し、立て置くべきの輩は立て置き、追却すべきの族は追却し、政道以下堅く申し付くべし。万端山城守に対し、君臣・父母の思いをなし、馳走《ちそう》すべきの事、忠節たるべく候《そうろう》。よくよく其意を成すべく候也

後書きに書かれている、「万端山城守に対し、君臣・父母の思いをなし、馳走すべきの

事」というのは、何を意味するのか。『宇野主水日記』には、次のようにある。

「三七郎殿（信孝）阿州（阿波）三好山城守養子として御渡海あり」

信長は信孝に、伊勢の小大名神戸氏の名跡を捨てさせ、新たに四国の名族三好氏を継がせようとしたのである。その中には、新興の長宗我部氏よりも三好氏のほうが四国の支配者としてふさわしい、という信長の思惑があるものと思われる。

長宗我部元親は、四国征服の過程で信長に誼《よしみ》を通じていた。天正三年に土佐の統一を完了した時点で初めて信長に通信し、嫡男に一字書出を受けて「信親《のぶちか》」と名乗らせている。この時信長は、四国は切り取り次第との朱印状を元親に与えたという（『元親記』『土佐国《とさのくに》蠹簡集《とかんしゅう》』）。

ところが、長宗我部氏の四国征服が進むにつれ、信長の態度に変化が生じた。その原因は、阿波を本拠地として信長に敵対していた三好康長を信長が赦免し、なおかつ重用するようになったからである。四国統一を目指す長宗我部元親は、阿波で三好の勢力と戦いを交えるようになる。信長は長宗我部氏に対する方針を変更せざるをえなくなった。そして、土佐と阿波南半国の領有は許すが、他の地域は認めない、と申し送った。

当然ながら元親は怒った。天正九年末頃、両者は決裂する。そして元親は信長側の説得にも耳を貸さず、そのまま四国統一の事業を進めたのである。信長は、軍事的に四国を制圧する必要に迫られ、いよいよ四国攻撃のための軍勢を編成したのであった。

先に引用した朱印状を受けた信孝は五月二十九日に摂津住吉《すみよし》に着陣した（『宇野主水日記』）。副将とされた丹羽長秀《にわながひで》・蜂屋頼隆《はちやよりたか》・津田信澄《のぶずみ》らは、いずれも大坂かその近辺に待機していた。彼らは六月三日に四国へ渡海する予定だったという。

畿内方面軍

明智光秀は、丹波一国と近江志賀《しが》郡を領国とした有力部将の一人である。

そのほか、京都を挟む北山城と南山城の国人たちを麾下に置いていた。山城の国人は、室町幕府に仕えた経歴の者が多い。天正八年に織田軍団の再編成が行われて、丹後《たんご》の長岡（細川）藤孝《ふじたか》と大和《やまと》の筒井《つつい》順慶《じゆんけい》をも明智の軍事指揮下に置く体制が形づくられた。高柳光壽氏は、明智をトップにいただくこの軍団を「近畿管領」軍と呼んでいるが、ここでは「畿内方面軍」と呼ぶことにする。

明智自領の近江・丹波のほか、山城・大和・丹後まで五ヵ国にわたった、二〜三万もの兵力動員が可能な大軍団である。だが、この軍団は、編成された時点から特定の任務を持っていなかった。

畿内方面軍の分担区域はすでに平定済みである。規模が大きいので方面軍の一つとしておくが、役割的には遊撃軍である。この年三月に信長の直接指揮下で武田攻めに加わり、今度は中国方面軍の援軍として対毛利戦に赴く予定であった。六月一日の時点では、司令官の明智をはじめ、大和の筒井順慶、丹後の長岡忠興《ただおき》（藤孝の子）、いずれも遠征の準備を完了していた。

主な遊撃軍

方面軍ほどの大軍団ではなく、せいぜい数千の兵力で、ほうぼうの戦いに駆り出される軍団を「遊撃軍」と呼んでおく。主な遊撃軍としては、摂津の大部分を基盤とする池田恒興《つねおき》の軍、若狭《わかさ》の丹羽長秀の軍、和泉の蜂屋頼隆の軍があげられる。彼らの軍は、変の直前にどのような状態だったのであろうか。

池田の軍は、明智の畿内方面軍と共同歩調をとっていた。つまり、中国方面の援軍を命じられていたのである。池田をはじめ、中川清秀《きよひで》・高山重友《しげとも》など摂津の部将たちは準備を完了して、各々の居城で待機していた。

丹羽・蜂屋もすでに出陣の準備を終えていた。彼らの目的地は中国ではなく四国である。四国討伐軍の総大将信孝はすでに住吉に着陣している。丹羽は大坂で、蜂屋は居城の和泉岸和田《きしわだ》で六月三日に予定されている渡海を待っていたのである（『宇野主水日記』）。

図４　徳川家康（大阪城天守閣蔵）

徳川家康

信長の同盟者ではあるが、実質上信長麾下の方面軍司令官といってよい徳川家康の動きについても触れておく。

家康は居城浜松を離れ、五月十五日に安土まで上った。先に行われた武田攻めに協力し、駿河一国を分け与えられた、そのお礼という名目であった。長年の盟友の来訪に対し、信長は最大限の接待で応えた。まる六日間にわたる安土滞在中は連日の饗応。その前半の十七日まで、つまり中国出陣の命令を受けるまでは明智光秀が饗応役を務めた（『信長公記』『兼見卿記』ほか）。

家康は二十一日に京都に上る。世話役として信長側近の長谷川《はせがわ》秀一《ひでかず》が付き、信忠も同行した。京都見物に日を送り、二十九日に堺まで下った（『宇野主水日記』）。信忠は京都に残ったが、長谷川は同行した。六月一日の家康は、まさに茶の湯三昧の日だった。朝は今井宗久《そうきゅう》邸、昼は天王寺屋で津田宗及の茶会、夜も堺奉行《さかいぶぎょう》松井友閑《ゆうかん》邸で茶の湯の饗応を受けた（『宇野主水日記』『津田宗及茶会日記自会記』）。

織田信忠　最後に、信長の嫡男である信忠について述べておきたい。

信忠は天正三年十一月二十八日に織田家家督を譲られ、すでに織田家当主の立場にあった。のみならず、天正五年後半期あたりからは、戦場から遠ざかりがちになっていた父信長に代わり、織田軍全体の総帥《そうすい》として諸将の上に立つ機会が多かった。

天正五年十月の松永討伐戦、翌年五月からの播磨救援では、佐久間・羽柴・明智・丹羽といった織田軍の代表的部将たちを指揮している。同六年から七年にかけての有岡《ありおか》城攻囲戦にしても、初めの頃こそ信長自ら出馬したが、戦況が長引くと、総指揮を信忠に任せる形になった。さらに、同十年二月から三月にかけての武田討伐戦。信長自身も信濃・甲斐《かい》まで足を踏み入れたけれど、それはすでに戦いが済んだ後のこと、信忠の手で武田氏の息の根は止められていた。信長晩年の時期には、軍事指揮は実質上

図5　織田信忠（安土城考古博物館蔵）

信忠に委ねられていたといってよい。予定されていた西国出陣にしても、信長自身が陣頭指揮を執るつもりだったかどうか疑問である。

信忠は、天正元年頃より「信忠軍団」と呼ぶべき家臣団を持っている。それはもともと、尾張と東美濃《みの》の出身者で占められていた。この「信忠軍団」がその後発展を重ねて、武田氏討伐後は尾張・美濃・信濃・甲斐にまで広がっている。しかし、河尻秀隆《かわじりひでたか》・森長可《ながよし》など信忠軍団の有力メンバーは、武田氏の旧領に移され、まさに新領の経営に余念のない状態である。ちょうど信忠にとって、直属家臣の再編成の時期だったのである。

五月二十一日、信忠は父に先んじて京都に入った。徳川家康と一緒だった。父に代わって家康を接待するという役割もあったようである。時期的な都合もあり、最小限の近習しか随従させなかったらしい。信長・信忠の旗本として西国に出陣すべき者たちは、その後、三々五々京都に入ったものと思われる。その大部分は信長直属の馬廻だった。彼らは京都に入った後、信長の居所本能寺や信忠の妙覚寺《みょうかくじ》には泊まらず、市内のあちこちに分宿していた。信忠の居所妙覚寺も本能寺と同じく手薄だったのである。

変、勃発

いよいよ運命の六月二日を迎える前に、それまでの明智光秀の動きを追ってみよう。

謀反直前の光秀の動き

変の前の光秀については、一次史料である日記に載せられることは少ないので、どうしても『信長公記』の記述に頼らざるをえない。もう一つ、『川角《かわすみ》太閤記』もここで基礎史料として用いることにする。『川角太閤記』という本は、先に述べた通り（一一五頁参照）全面的に信じられる史料とはいえない。しかし、その記事には、光秀の旧臣で本能寺襲撃に従軍した者の証言を取り入れているという。それゆえ光秀の動きに関しては、信じられる記事が多いと思われるからである。

光秀の旧臣とは、後に前田利長《としなが》に仕えた山崎長門守《ながとのかみ》（後に閑斎）という者と豊臣秀次《ひでつぐ》の馬廻から福島正則《まさのり》・松平忠明《ただあきら》へと転仕した林亀之助という者である。いずれも明智家中以外にも知られるほどの武士だったようであるし、証人が複数いるということも信頼性を高める理由になるだろう。変前後の明智軍の動きに限って、吟味しつつ取り入れていきたい。

光秀が家康の接待を命じられたのは、五月十四日である（『兼見卿記《かねみきょうき》』）。家康は翌十五日に安土《あづち》に入った。光秀は京都・堺から珍味を取り寄せて、その接待に贅《ぜい》を尽くした。『信長公記』に「京都・堺にて珍物を調え、おびただしき結構にて」、『兼見卿記・正本』に「この間用意馳走もってのほか」と、そのすばらしさが語られている。

まもなく備中高松《びっちゅうたかまつ》城を囲んでいる秀吉から注進が届く。毛利輝元《てるもと》自ら両川（吉川《きつかわ》・小早川《こばやかわ》）を率いて後巻《うしろま》きにやってきた、というのである。ここで信長は決意をする。自身が中国まで出馬して毛利軍を蹴散らし、その勢いで九州まで攻め込もう、と宣言したという（『信長公記』）。光秀とその与力である長岡（細川）忠興《ただおき》・筒井順慶《じゅんけい》、摂津《せっつ》の遊撃軍団である池田恒興《つねおき》・中川清秀・高山重友・塩川党に出陣の命令が下された。光秀は家康接待の任務を解かれ、十七日に安土より坂本《さかもと》に帰城した（『信長公記』）。

光秀は坂本で九泊過ごす。丹波《たんば》にいる家臣に出陣の指令を出す一方、志賀《しが》郡の武士たちに直接命令を下して遠征の準備をさせていたものと思われる。坂本を発って亀山《かめやま》に移るのは二十六日のことであった（『信長公記』）。

翌二十七日、光秀は亀山城を出、愛宕山《あたごやま》に上った。愛宕山は、山城《やましろ》と丹波の境界に位置する古代からの名山で、修験《しゅげん》場として長い歴史を持つ愛宕神社がある。神仏習合のもとで数々の坊舎も置かれ、本地仏《ほんじぶつ》の勝軍地蔵《しょうぐんじぞう》は軍神として武将たちの信仰を集めていた。光秀はまず神社の神前にぬかずき、二度三度とくじを引いたという（『信長公記』）。

愛宕山に一泊した光秀は、二十八日、坊舎の一つ西坊威徳院《にしのぼういとくいん》で連歌会《れんがかい》を催した。この時の連歌は、『明智光秀張行百韻《ちょうぎょうひゃくいん》』として記録が残っている。参加した者は光秀のほかに、当代きっての連歌宗匠と謳われた（里村）紹巴《じょうは》、その門下の昌叱《しょうしつ》・心前、西坊威徳院の住持《じゅうじ》行祐《ぎょうゆう》法印、その他合計九人である。光秀の嫡男光慶、家臣の東六郎行澄も名を連ね、一句ずつ詠んでいるのが注目される。光秀の伴をして参詣したのだろう。

出陣を前にした武将が勝軍地蔵を本地とする愛宕神社に参詣するのは、至って自然の行動である。連歌会にしても、戦勝祈願の儀式としてたびたび張行されていることを思えば、この「愛宕百韻」もまったく奇異な催しではない。しかし、この連歌会で光秀が詠んだ発《ほっ》句《く》は、光秀の謀反の意図を表したものとしてあまりにも有名である。

ときは今　あめが下《した》知る　五月《さつき》哉《かな》

（『信長公記』による。『明智光秀張行百韻』では「時は今　あめか下なる　五月哉」）

この「発句」は、「とき」を明智氏の本流の「土岐《とき》」氏、「あめが下知る」を「天が下知る」に掛けたものとし、光秀が「土岐氏の一族である私が天下を治めるべき五月である」という意味を持ったものとされてきた。また近年にはさらに深読みして、『平家物語』などの古典に委託しつつ平氏である信長の打倒を詠んだ、という解釈も出ている（津田勇「愛宕百韻に隠された光秀の暗号」『歴史群像』一九九五年四月号）。

果たして光秀が、信長に代わって天下を治めようという決意を示しているものかどうか。それについては、「光秀の動機を探る」の章の最後に述べることになるだろう。

明智軍の京都進撃

愛宕山威徳院で連歌興行を行った光秀は、その日のうちに亀山城に戻った（『信長公記』）。翌二十九日は、鉄砲の弾薬等の荷物を百荷ほども西国へ向けて運び出させたという（『川角太閤記』）。出陣を前にして、亀山城内はてんてこ舞いだった様子である。

翌日すなわち六月一日の申《さる》の刻（午後四時頃）、光秀は主だった家臣を通じて、家中に次のことを触れたという。

京都にいる森乱丸より知らせがあった。出陣の用意ができたなら、兵や馬の様子を見たいと上様がおっしゃっている。これから陣容を整えて出発する。

軍勢はただちに城を出陣する。亀山城の東の柴野（位置不明）に出た時は、酉《とり》の刻（午後六時頃）だったという。

以上は『川角太閤記』にあるストーリーだが、『信長公記』の記事はいくらか異なる。亀山から中国方面へ向かうには、本来三草山《みくさやま》を越えるのだが、明智軍はそこへ向かわず、老《おい》の山（老坂）・山崎経由で摂津へ抜ける、と兵たちに触れたとある。そして、老の山に上った時はすでに夜になっており、桂川《かつらがわ》を越した時には明け方になっていたという。

全体的に史料としての質を問うならば、問題なく『信長公記』のほうが良質である。だが、『川角太閤記』のこのあたりの記事は、光秀の旧臣二人の証言をもとに記されたものである。京都で信長の閲兵を受けてから中国へ向かう、という虚言もありそうに思われる。『川角太閤記』の記事も捨てがたいだろう。だが、兵卒レベルの家臣までは、目的地が京都ということは徹底しなかったらしい。本城惣右衛門《そうえもん》はこの時、明智軍の兵の一人として従軍していたが、てっきり山崎方面へ行くものと思って進んでいたのに、途中で目的地は京都と知らされ、さては家康を襲うのかと考えたと証言している。彼は本能寺などという寺のことも知らず、ただ斎藤利三《としみつ》の息子の後をしたって進んだという（『本城惣右衛門覚書』）。

ところで、光秀は謀反を決意するにあたって、主だった家臣にそれを打ち明けている。明智秀満《ひでみつ》・斎藤利三・明智次右衛門《じえもん》・藤田伝五・三沢《みさわ》（溝尾）秀次《ひでつぐ》。いずれも光秀の老臣だが、このメンバーについては『信長公記』も『川角太閤記』も一致している。しかし、打ち明けた時点と場所が両史料では異なっているのである。『信長公記』が亀山出陣の前、亀山城内としているのに対し、『川角太閤記』では出陣後、柴野のあたりで初めて打ち明けたことになっている。

出陣して後戻りができない状態になってから、という考えもあると思うが、それはあまりにも遅すぎるだろう。二人の家臣の証言に基づくといっても、二人は機密を知るほどの地位の家臣だったわけではない。これに関しては『信長公記』のほうを採っておく。ちなみに『当代記』『イエズス会日本年報』でも、打ち明けたのは出陣前としている。

本能寺襲撃

光秀が本能寺を襲い、その後、京都近辺で活動するところについては、京都に住む公家たちがほぼリアルタイムで日記に記している。『言経卿記《ときつねきょうき》』

『兼見卿記』『日々記《にちにちき》』がそれである。また、やや離れた場所で伝聞を記したとはいえ、聞いた都度日記に記した『多聞院《たもんいん》日記』や日記がもとになっている『宇野主水《うのもんど》日記』『蓮成《れんじょう》院《いん》記録』などは、かなり確実性の高い史料といえる。ただ、日記の記述は断片的なので、やはり『信長公記』『惟任《これとう》謀反記』『川角太閤記』など体系的な史料の助けを借りることになるだろう。

光秀軍が本能寺を襲った時刻については、「早天《そうてん》」（『兼見卿記』『宇野主水日記』）、「未明」（『蓮成院記録』）、そして『言経卿記』には「卯刻《うのこく》」（午前六時頃）とある。天正十年の六月二日は、この三ヵ月後から使用されるグレゴリオ暦でいえば七月一日にあたる。午前六時頃ならもうとっくに明るくなっている。慣習として、「卯刻」は夜から日中に移るその境目を指すことが多い。この時は夜の短い夏季なので、「卯刻」は六時よりかなり早めになると考えてよいだろう。

本能寺に到着する前、桂川に差しかかった時、光秀は軍勢に指令を出している。馬の沓《くつ》を切り捨てること、徒《かち》の者は新しい足半《あしなか》（踵《かかと》の部分のない草履《ぞうり》）に履き替えること、鉄砲隊の者は火縄を一尺五寸に切って、撃ちやすくしておくこと。そして、次のことも触れられたという。

「今日よりわが殿は天下様におなりになる。下々の者、草履取《ぞうりとり》の者たちまで勇み喜ぶがよい」

「もし討死にしても、跡職については少しも心配することはない。手柄の次第によって処遇の高下を決めよう」

京都の町が近付いた時、斎藤利三から指令が出た。

「くぐり戸はいつもの通り開いているはずだ。そこをくぐって扉を押し開け。くぐり戸をくぐる時は、幟《のぼり》・指物《さしもの》に気をつけよ。軍勢が町に入るのが速く進むよう、町々の扉を次々と開け。一筋になって進むことはない。思い思いに本能寺の森・さいかちの木・竹藪を雲の合間から目当てにして進め」

以上、『川角太閤記』の記事内容だが、このあたりは二人の明智旧臣の体験談に基づいて書かれたものと思われる。実に細かい指令であり、それだけに具体的で臨場感がある。

さて、明智軍が本能寺に迫った時、信長はどうしていたのだろうか。

比較的良質の史料で信長の最期の姿を描き出したものは、『信長公記』『惟任謀反記』、そして『イエズス会日本年報』のみである。『川角太閤記』は、その部分を省略してしまっている。『惟任謀反記』の本能寺襲撃の記事は短く、簡単すぎるから、ここはまず『信長公記』の記事をベースにするしかない。すでによく知られている場面だが、いちおう概略を話してみよう。

信長もその傍らに仕える小姓《こしょう》たちも、初めは寺外の騒ぎを町衆の喧嘩《けんか》でも起こったか、と思ったようである。だが、ときの声が聞こえ、続いて鉄砲が寺内に撃ち入れられた。信長は側にいた森乱（蘭丸）に聞く。

「これは謀反か、いかなる者の企《くわだ》てぞ」

乱は答える。

「明智が者と見え申し候」

「是非《ぜひ》に及ばず」

この信長の最後の言葉、「是非に及ばず」は、これ一つで本能寺の変を表すほど有名な言葉になっている。

「光秀が背いたか。それではしかたがない」

信長のそうした諦観を表した言葉と、これまでは解釈されてきた。それに対して、藤本正行・鈴木真哉両氏の共著『信長は謀略で殺されたのか』（二〇〇六年刊、洋泉社）では、「是非を論ずるまでもない。もはや行動あるのみ」という意味に解されている。

後に述べる通り、信長が自決を覚悟して奥に引っ込むまで本能寺の中には女性たちがおり、牛一《ぎゅういち》はなんとか逃れ出た彼女らの証言により信長の最期の姿を描いたという。だから、可能性としては少ないが、その時側にいた女性が信長の言葉を聞いた、ということも考えられる。これまで生への執念で何度も危機をかいくぐってきた信長である。その信長がもしもそう言ったとしたら、藤本・鈴木両氏の解釈のほうが正しいのではなかろうか。

ちなみに『三河物語』には、「上之助（城之介＝信忠）がべっしん（別心）か」とあり、信忠を疑ったとされている。誰かからの聞き書きかもしれないが、信じないほうがよかろう。また、イスパニアの商人で秀吉の時代に日本にやってきたアビラ・ヒロンは、その著『日本王国記』に「余は自ら死を招いたな」という意味深長な信長の最期の言葉を載せている。これも信じるべきではない。

戦いの始まりについては、『イエズス会日本年報』に違った記述がある。それによると、早起きの信長が顔を洗っているところ、明智軍の兵の一人がその背中を矢で射た。信長はその矢を抜き、長刀を持ってきて戦いを始めたという。

イエズス会宣教師のいた南蛮寺《なんばんじ》は、本能寺の東わずか二〇〇㍍の位置にある。しかも宣教師たちは早朝から起きてミサを行っていたらしい。騒ぎを聞きつけてすぐに真相を知ろ

図６　都の南蛮寺図（神戸市立博物館所蔵）

うとしただろうから、事件の様相に関しては信憑性が高いだろう。ただ、年報の記述者のフロイスは当時九州の口ノ津《くちのつ》に滞在しており、南蛮寺にいたカリヤンからの又聞きである。細かいところなどは、吟味が必要である。だいたい敵兵が間近まで迫っているのに信長自身も周囲の者も気が付かないなど、ありえないことだろう。

明智軍に襲われた時に信長と共に本能寺にいた者は、小姓衆・厩番衆《うまやばんしゅう》、それに中間《ちゅうげん》などの小者たち、京都内から連れてこられた女性たちを合わせても百人ほどにすぎなかったのではなかろうか。一番乗りで本能寺に入ったという本城惣右衛門は、玄関から入ったが、広間に一人の者もいず蚊帳《かや》だけ吊られていた、ようやく庫裏《くり》の方から白い着物を着た女が一人やってきた、と証言している（『本城惣右衛門覚書』）。推測によると、東西一町、南北二町という広大な敷地に建っていた本能寺である。その中に百人ほどでは、無人に近かったというのもわかるだろう。

『信長公記』の記事を見ると本能寺の中は、信長の泊まっている「御殿」のほか、「面《おもて》（表）御堂《みどう》」「御厩《おうまや》」といった建物があり、家臣たちはそれぞれに散っていた様子である。最初に敵襲を受けたのは、厩番衆である。陸奥出身の馬術の達人・矢代勝介《やしろしょうすけ》、相撲取りから引上げられた伴正林《ともしょうりん》・村田吉五《きつご》、その他中間衆も一緒に明智軍の兵と戦い、次々と討死にした。

表御堂の番衆だった小姓たちは、主君を守るため御殿に移り、信長の周囲を固めた。森乱兄弟三人、金森義入《かなもりぎにゅう》・菅屋角蔵《すがやかくぞう》・魚住勝七《うおずみしょうしち》・種田亀《おいだかめ》・祖父江孫《そぶえ》、いずれも織田家譜代《ふだい》の家臣の子弟であろう。その中に、一雲軒針阿弥《いちうんけんしんあみ》の名がある。彼は、奉行も務めた有能な吏僚だが、もともとは同朋衆《どうぼうしゅう》である。信長の身の回りの世話のため、本能寺に入っていたのだろうか。

信長は最初は弓を取って二、三度矢を放ったが、じきに弦が切れてしまい、今度は槍《やり》を持って戦った。だが、肘《ひじ》に手傷を負うと、ここで戦うことをあきらめた。そして、御殿に火をかけることを命じ、奥に姿を消した。女性たちに、逃れるよう命じたのはこの時で、ここまで信長の姿を見届けた女性が後に事の一部始終を証言した、と太田牛一自筆の池田家本『信長記』に記されている。

「殿中奥深く入り給ひ、内よりも御南戸（納戸）の口を引立て情なく御腹《おはら》めされ」と牛一は結んでいる。

信長が自決して本能寺が落去したのは、何時頃だったのだろうか。公家の日記には明記されていない。ただ、これから語る二条御所での戦いにおいて、誠仁《さねひと》親王が御所を逃れ出たのは「辰刻《たつのこく》」（午前八時頃）だったと『言経卿記』にある。二時間近くもかかったことになるが、果してその通りだろうか。戦闘要員が百人足らずのところに一万もの軍勢に攻められて、そんなに持ち堪えることは無理ではなかろうか。信長自身が敵と渡り合ったというのもごく短時間にすぎず、まもなく信長の切腹《せっぷく》、寺舎の炎上と事が進んだと思う。

二条御所での戦い

光秀の次の目標は、妙覚寺《みょうかくじ》に宿泊しているはずの信忠《のぶただ》である。本能寺炎上後まもなく、明智軍の主力は妙覚寺に向けて移動した。

光秀の作戦では、当然本能寺と妙覚寺二ヵ所の襲撃は同時並行して行われるはずだったであろう。信長・信忠父子とも葬り去らねば、この謀反は成功したとはいえないからである。主力は本能寺攻撃に回すにしても、同時に妙覚寺も襲わねばならない。

ところが、『信長公記』『惟任謀反記』の伝える信忠とその周囲の様子を見ると、いくらか余裕があったように感じられる。本能寺が襲撃されたことを聞き、信忠はいったん妙覚寺を出て駆け付けようとしている。そして、本能寺救援が無理だと知ると、近くの二条御所に全員が移動している。また、村井貞勝《さだかつ》をはじめ、京都市内にいた織田家臣たちが駆け付け、無事に妙覚寺内に入っている。明智軍はいったいどうしていたのだろうか。

これについて桐野作人氏は、次のように言っている。光秀は明智次右衛門の部隊を分けて唐櫃《からと》越えをさせ、妙覚寺攻撃を担当させた。ところが、その部隊は行軍に手間取り遅れてしまったらしい（同氏『真説本能寺』）。

桐野氏が裏付けとしているのは『明智軍記』の記事である。『明智軍記』は誤謬充満の悪書といわれ、史料として使う価値はないのだが、一万余もの兵が進軍する時、全軍を分けるのは常識だろう。また、目標が二ヵ所に分かれる場合、あらかじめ分担しておくのは当然である。この部分は『明智軍記』にある通りかもしれない。

本能寺から妙覚寺までは、直線距離でわずか六〇〇㍍。道に沿っても一㌔以内である。本能寺での騒動はすぐに気が付いたであろう。信忠はまもなく父の危機を知って、駆け付けようと妙覚寺を出発した。そこへ村井貞勝と二人の息子（貞成《さだなり》と清次《せいじ》）が来て、次のように報告する。

　本能寺は早落去つかまつり、御殿も焼け落ち候。定めて（明智軍が）ここへ取りかけ申すべく候（『信長公記』）。

村井の邸宅は本能寺の門前にあったという（『惟任謀反記』）。本能寺のほうばかりに気を取られていたのかもしれないが、通報が遅かったという非難は否めない。信忠自身も、ここで大きな判断ミスを犯す。日本の歴史が変わってしまうほどの重大なミスである。この場を逃れるという選択肢を早々に放棄してしまうのである。

家臣の中には、この場を逃れて安土へ移って下さいという者もいた。それに対して信忠は、次のように答えたという。

　これほどの謀反である。私が逃れられないように道々に手を打っているにちがいない。途中で雑兵《ぞうひょう》の手にかかるよりは、ここで腹を切ったほうがよい（『信長公記』『当代記』）。

この信忠の決断に対して、『当代記』の筆者は言う。

　この儀に定め、惟任深く隠密《おんみつ》しける間、路次へその擬ならざる間、安土へお移りにおいては別条あるべからざるところ、御運の末と覚えたりつまり、光秀は謀反の意思を深く秘密にしていただけに、道々に逃亡防止の手当てなどしていなかった。だから安土へも無事に行けたはずなのに、運が尽きるとはこういうものだ、というのである。たしかに、信忠たちがこれから籠る二条御所から脱出した織田長益《ながます》（有楽斎《うらくさい》）や水野忠重《みずのただしげ》は、無事に逃れている。

さて、明智軍を迎え撃とうと決心した信忠に対して、村井は進言する。

「ここに比べて隣の二条御所は、構《かま》えも堅固で立て籠もるのに具合がよい。移りましょう」

信忠はその言に従うことにした。

二条御所というのは、皇太子誠仁《さねひと》親王の住まいである。妙覚寺からは室町通りを隔てた隣にある。信長の京都の邸宅として建てたのを、三年前に皇太子一家に譲った。以後は、天皇の「上御所《かみのごしょ》」に対し、「下御所《しものごしょ》」と呼ばれていた。親王はこの年三十一歳、老齢の天皇に代わって政務を執ることが多く、『蓮成院記録』などでは「今上皇帝」「主上様」という呼び名で登場する。

さて、この時、二条御所には、皇太子と皇太子妃晴子、四人の子女の家族六人と侍女たちが住んでおり、それに小番衆を含めて十一人の公家が詰めていた（『日々記』）。そこに移るのはよいが、彼らを無事に避難させなければならない。だが、すでに御所の周囲は明智軍の兵に取り巻かれている。

村井の進言に基づいて、親王は光秀に使者を立てた。『イエズス会日本年報』によれば、「私はどうすべきか。切腹すべきなのか」と尋ねたという。それに対して光秀は、直ちに御所を出るように、ただし、信忠と紛れることがないよう馬や駕籠《かご》には乗らないよう要求したという。こうして誠仁親王とその一家は上御所に逃れ、侍女・公家衆たちも避難することができた。『言経卿記』によれば、「辰刻」（午前八時頃、ただしもう少し早いか）だったという。

ここから二条御所での戦いが始まるが、明智軍は一万余の軍勢が全軍二条御所攻撃に集中している。それに対して信忠たち籠城軍はどれほどいたのだろうか。『惟任謀反記』によれば、「わずかに五百ばかり」、京都市内にいた馬廻たちで「二条の御所に馳せ加わる者一千余騎」とある。合わせて千五百ということだが、それほど集まることができたのだろうか。小瀬甫庵の『信長記』に「御勢わずかに二三百には過べからず」とあるが、このほうが事実に近いかもしれない。

多勢に無勢ながらも信忠たちは奮戦した。完全武装した明智軍に対し、信忠たちは「素《す》膚《はだ》に帷《かたびら》一重《ひとえ》」、しかも武器もろくにない有様である（『惟任謀反記』）。それでも彼らは一時間以上にわたって戦ったという（『イエズス会日本年報』）。『惟任謀反記』では、大手の門を開き、弓・鉄砲を前面に立てて明智軍の先鋒に攻撃を加えた、具足を付けた信忠が日頃鍛えた剣法で敵兵を次々と斬り倒した、と信忠軍の善戦を語っている。『蓮成院記録』にも、三度も明智軍が退散したとあるから、単なる美辞麗句ではない。

意外な苦戦に、明智軍は作戦を変えた。二条御所の隣に近衛前久の邸宅がある。そこの屋根は、二条御所を見下ろす位置にある。明智軍の兵は近衛邸になだれ込み、そこの屋根から信忠軍に向かって弓と鉄砲で攻撃した（『信長公記』）。

信忠たちの抵抗もそこまでだった。次第に人数が減ってゆくのを見て、覚悟を決めた信忠は奥に入って切腹した。介錯《かいしゃく》は鎌田新介《かまたしんすけ》が務めたという（『信長公記』）。この時、建物に火が放たれ、二条御所も無残に焼け落ちてしまった。誠仁親王の避難が午前七時から八時頃とすると、戦いの終了は九時前後であろうか。京都市内はすっかり目覚めていた。

変後の様子

変直後の光秀の動き

本能寺を襲ってから、二条御所を陥落させるまで約四時間。ほぼ予定通りに事は済んだといってよい。明智光秀は、南方をにらむ勝龍寺《しょうりゅうじ》城に三沢秀次《ひでつぐ》を入れ置き、この日のうちにもう一つの居城坂本《さかもと》に入った。『惟任《これとう》謀反記』には「午《うま》の刻」（正午頃）に坂本城に至るとあるが、『兼見卿記《かねみきょうき》・別本』によれば「未《ひつじ》刻」（午後二時頃）に大津《おおつ》へ向かっていたのを、吉田兼見が行って対面したという。記主本人が会っているのだから、これ以上確かなことはなかろう。

光秀はそれまでの数時間、何をしていたのか。まず、織田信長と信忠《のぶただ》の遺骸を焼け跡から探し出すこと、次には、信長・信忠に随従していて最後に戦場を逃れた者の探索である。

さらに、非常事態の発生によって起こった洛中の騒動を鎮めなければならない。

光秀は何にも先んじて、本能寺と二条御所の焼け跡を発掘させ、信長・信忠の遺骸を掘り出させたであろう。二人の遺骸を確認しなければ、謀反が成就《じょうじゅ》したとはいえない。しかし、懸命の探索にもかかわらず、二人の遺骸は見つからなかったのである。

続いて、落人《おちうど》の捜査は、洛中の町屋をくまなく当たって行われた様子である（『信長公記』）。『言経卿記《ときつねきょうき》』の六月三日、四日に「洛中騒動斜めならず」とあるのは落人狩りによる騒動が続いたということであろう。騒動が続いたのは町中ばかりではない。本能寺や二条御所の周囲に住んでいた市民たちが、大勢安全地帯の皇居に避難していたのである。彼らは各々小屋を急造して住みつき、皇居の中はごった返していた。『日々記《にちにちき》』には「禁中《きんちゅう》小屋懸、いよいよ正体無き事なり」とある。この有様は、変直後から山崎《やまざき》の戦いが終わり、信孝《のぶたか》と秀吉が入京してはじめて旧《もと》に復することができた。『川角太閤記《かわすみ》』には、光秀が洛中の地子銭《じしせん》（宅地に課される税）免除の触れを出して市内を鎮静させようとしたとあるが、洛中の騒動は結局光秀の手で収拾されることはなかった様子である。

信長・信忠の遺骸は確認できない、京都市内は乱れたままである。襲撃は予定通りに終わったものの、その後のことは思った通りに進まない。しかし光秀は、いつまでも京都にとどまってはおれない。近江《おうみ》・美濃《みの》・尾張《おわり》といった、最も織田家と繋がりの強い地域を早期に掌中に収めなければならないからである。光秀は、それらの地域の国衆《くにしゅう》たちに書状を送って勧誘する一方、近江の掌握のためにその日の午後に大津へ向かったのである。安《あ》土《づち》を占拠して、そこを本拠にして近江衆を従属させる予定だったのであろう。

変当日のうちに光秀が発給した書状が、一通だけ伝わっている。西美濃の西尾光教《みつのり》宛てのもので、『武家事紀』に収録されている。次のような短い文面である。

父子（信長・信忠）の悪逆《あくぎゃく》、天下の妨《さまた》げ、討ち果し候。その表の儀御馳走候て、大垣の城あい済まさるべく候。委細山田喜兵衛尉申すべく候。恐々謹言

このような書状は、当日のうちに近国中にくまなく発せられたはずである。また、上杉・毛利・長宗我部《ちょうそかべ》など織田方と対峙している戦国大名にも、入魂《じっこん》を求める書状がすぐに送られたものと思われる。その一つとされるものが見られる。『別本川角太閤記』に載った小早川隆景宛て光秀書状である。

急度飛檄《きっとひげき》をもって言上せしむ。今度羽柴筑前守《ちくぜんのかみ》秀吉事、備中国において乱妨《らんぼう》を企《くわだ》つの条、将軍御旗を出され、三家（毛利・吉川・小早川）御対陣の由、誠に御忠烈の至り、永く末世に伝うべきに候。しからば光秀事、近年信長に対し、憤《いきどお》りを懐《いだ》き遺

恨黙止難《もだしがた》く、今月二日、本能寺において信長父子を誅し、素懐《そかい》を達し候。（下略）

文中に「近年信長に対し、憤りを懐き遺恨黙止難く」とあるのを受けて、怨恨《えんこん》説の根拠としたり、「将軍御旗を出され」のくだりから足利義昭《あしかがよしあき》黒幕説を唱えたりする考えがあるのであえて引用したが、文章を見ると、当時の書状の言い回しとかなり違っており、偽文書であることは一目瞭然である。このような明らかな偽文書を取り上げて云々しても意味がない。偽文書や悪質の本に惑わされて真実を見失うこともあることを、この偽文書によって一言注意しておきたい。

大津から勢多川《せたがわ》を渡ろうとした光秀は、早くも障壁にぶつかる。勢多を本拠地としていた山岡景隆《かげたか》が光秀に与《くみ》することを拒否し、橋を焼き落してしまったのである。七年前、当の景隆と木村高重が奉行として建造した、幅四間（七メートル余）長さ一八〇間余（三二〇メートル余）という大橋である。光秀はしかたなく橋の修復を命じて、自らは坂本城に入った（『信長公記』）。

安土城の占拠が遅れるのは、大きな時間的ロスである。それでも光秀は、この間に近江のほか若狭の国衆を誘降することに努めたらしい。旧若狭守護《しゅご》家の武田元明《もとあき》をはじめとする若狭の国衆たちが大勢味方になるのである。近江でも、旧北近江半国守護家の京極高《きょうごくたか》次《つぐ》、東浅井郡《ひがしあざい》山本山《やまもとやま》城主の阿閉貞征《あつじさだゆき》たちが光秀に従った。

ここで、変以後の安土城の様子についても触れておかなくてはならない。

光秀の安土入城

六月二日「巳《み》刻」（午前十時頃）、安土には「風の吹くように」京都の変が伝わったという（『信長公記』）。はじめは皆、半信半疑だったが、京都より逃げ帰った者の口から確報を得るに及んで、城中大騒ぎになった。城中ばかりではない。夜になって、安土山麓の武家屋敷で火災が起こった。山崎秀家《ひでいえ》が自分の邸宅を焼いて領地の山崎に戻り、光秀方に与《くみ》したのである（『信長公記』）。城下の町衆たちも大混乱をきたした。安土教会には、司祭のオルガンティーノら四人がいたが、沖島まで逃れようとした途中で追剥《おいは》ぎに襲われ、苦労を重ねた末、坂本城まで護送されてしまう（フロイス『日本史』）。

安土城二の丸留守衆の責任者は蒲生賢秀《がもうかたひで》である。この非常事態に直面して、彼は決断した。織田家一類の者たちを連れて、自分の居城である日野《ひの》城に避難しようというのである。すぐに日野に使いを飛ばし、嫡男の賦秀《ますひで》（後の氏郷《うじさと》）を牛馬・人足《にんそく》とともに呼び寄せた。

三日未刻（午後二時頃）、賢秀は、信長の妻子など織田家一類の者たちを先導して、安土城を後にした。城郭はもちろん、城内にあった金銀財宝もそのままにされた。城には安土町奉行だった木村高重だけが残された。（『信長公記』）。

こうしてほとんど無人の状態になっていた安土城に、光秀は入城したのである。勢多橋の修復に日にちがかかり、六月五日になっていた。『多聞院《たもんいん》日記』『イエズス会日本年報』には四日とあるが、『兼見卿記』『日々記』にある五日のほうを採るべきだろう。また『木村家譜』によれば、光秀の入城に抵抗して木村高重が百々橋《どどばし》あたりで光秀軍に戦いを挑み、討死にしたという。木村の消息についてはこの後明らかではないから、この時に死んだということは信じてもよいのではなかろうか。

五日に安土城に入った光秀は、残されていた金銀財宝を気前よく将兵に分け与えたという（『イエズス会日本年報』）。近江の国衆の多くや武田元明をいただいた若狭国衆たちが、安土に出仕したものと思われる。金銀財宝は、彼らに重点的に与えられたのではなかろうか。彼ら若狭《わかさ》衆《しゅう》・近江衆は、長浜《ながはま》城と佐和山《さわやま》城といった近江の主だった城々を襲撃し、それらを占拠した。安土城だけでなく、長浜城・佐和山城といった要衝の城の占拠によって、光秀は近江をほぼ掌中に収めたといってよい。そうした中にあって日野城に籠った蒲生賢秀と勢多を引き払って山中に退いた山岡景隆は、光秀の誘いに乗らず、敵対の姿勢を貫いたのである。

安土にとどまっていた光秀に対し、七日に勅使《ちょくし》が派遣された。勅使となったのは、以前より光秀と入魂《じっこん》だった吉田兼和だった。兼和は前日の六日に誠仁《さねひと》親王に呼び出され、勅使を命じられるとともに光秀に贈る緞子《どんす》一巻を渡されていた。朝廷の光秀へのメッセージは、「京都の義、別義（儀）なきのよう、堅く申し付く」べしというものであった。いまだに京都市内が騒動し、皇居も避難民で混乱しているので、それを何とかしてくれというのであろう（『兼見卿記』）。

七日申下刻《さるのげこく》（午後五時頃）安土に着いた兼和は、光秀に対面する。兼和は天皇・皇太子のメッセージを伝え、贈品を渡した。光秀は、「かたじけなく存じ候」とていねいに礼を述べ、二条御所で親王が無事に逃れたことを喜んだという（『日々記』）。もともと親しかった二人は、その後しばし雑談したらしい。「今度謀反の存分雑談なり」と『兼見卿記・別本』にある。雑談の内容が記されていないのが残念である。兼和はその日、安土の町屋に宿泊した。『兼見卿記・別本』に「錯乱の間、不弁のていたらくなり」とある。町人たちの多くが他所に避難して町が一時的にさびれ、治安も悪くなっていた様子がうかがえる。

光秀は翌日、軍を上らせた。河内・摂津方面を攻撃するためであった。明智軍の兵が山科・大津に陣取った（『兼見卿記』）。光秀自身は、安土城に家老《かろう》の明智秀満を残し、翌九日に京都へ向けて出発した。京都に入ったのは未刻（午後二時頃）という。吉田兼和が白川に迎えた。摂家《せっけ》・清華《せいが》をはじめ、大勢の公家《くげ》たちも、白川・神楽岡に集まって光秀を待った。まず兼和に会った光秀は、公家たちと対面するつもりはない、すぐに帰すよう兼和に命じた（『兼見卿記』）。そして兼和の邸宅に入る。ここで光秀は天皇・皇太子への献上金として銀子五百枚を兼和に渡した。また、五山及び大徳寺《だいとくじ》に百枚ずつ、兼和を介して寄進された。そのほか吉田神社にも、五十枚の銀子が寄進されたが、これは勅使を務めた兼和への礼という意味も持つのだろう（『兼見卿記』『日々記』）。

光秀の再上洛と南方出陣

この日、光秀は、兼和邸でかなりの時を過ごした。夕食までいたのである。夕食の相伴として兼和のほか、連歌師《れんがし》の（里村）紹巴《じょうは》・昌叱《しょうしつ》・心前が席に着いた。上洛したのが午後二時だから、ずいぶんゆっくりしたわけである。夜になって光秀は、本陣を布《し》いている下鳥羽《しもとば》に出陣した（『兼見卿記』）。

いったん光秀を見送った兼和は、その日のうちに再び光秀と会うことになる。光秀から預かった天皇・皇太子への献上金を皇太子に持参したところ、その礼状を託されるのである。夜もかなり更けていたが、兼和は下鳥羽の光秀陣を訪ね、皇太子から預かった女房《にょうぼう》奉書《ほうしょ》を光秀に渡した。これと一緒に渡された皇太子の礼状には、再度京都の治安の回復を求める文があったようである（『兼見卿記』『日々記』）。

十日、光秀は下鳥羽から南方に向けて出陣した。『兼見卿記・正本』には「河州表に至り相働く」とあるが、光秀が行ったのは河内との境界の洞ケ峠《ほらがとうげ》だった（『蓮成院記録』）。秀吉が姫路《ひめじ》城を発ったのは九日のことである（『萩野由之氏所蔵文書』）。だから光秀の出陣は、それに対応する動きではない。おそらく目標は大坂近辺にいる信孝・丹羽長秀《にわながひで》たち旧四国討伐軍であろう。それに、もし池田恒興《つねおき》・中川清秀・高山重友といった摂津の大名たちが敵対の色を示したならば、それらとも一戦を交えねばならない。

しかし、それほどの作戦を実行するためには、畿内・近国の大名たちを味方に付ける必要がある。そう考えた光秀は、まず大和の筒井順慶《じゅんけい》と合流しようとしたのである。

順慶は大和《やまと》一国の支配者ではあるが、軍事的には光秀の組下だった。そのほか光秀の息子の一人を順慶の養子にしていたとの説もあり、二人は個人的にも繋がりが深かった。変の二日後の六月四日、順慶は光秀の求めに応じて援軍を京都に派遣した。しかし次の日、順慶はその兵を大和に呼び戻している。さらに六日にはまた光秀に兵を派遣。しかし、九日にその兵をまたも召還している（『多聞院日記』）。順慶は迷いに迷っていたのである。

十日、洞ケ峠に陣を布きながら光秀は、家老の藤田伝五を順慶の居城郡山《こおりやま》に遣わした。光秀の軍に合流することを求めたのである。しかし、藤田は拒絶されて山城《やましろ》木津《きづ》城に退いている（『多聞院日記』）。

順慶の迷いはまだ続く。いったん追い返した藤田をまたも呼び戻す。その一方、十一日には羽柴秀吉宛てに誓書を送り、大和中の国衆たちを郡山城に集めて血判《けつぱん》の起請文《きしようもん》を取ったという（『多聞院日記』）。秀吉が九日に姫路を発ったという情報に触れ、二股をかけたのであろう。外部者である多聞院英俊《えいしゆん》がどれほど郡山城の内情と順慶の行動を把握していたかどうかは疑問だが、順慶が十一日の時点で、少なくとも光秀に積極的に味方することを止める気になっていたことはまちがいない。

頼みにしていた筒井順慶の「消極的拒絶」に会った光秀だが、もう一人頼りにしていた者にはよりはっきりと拒絶されていた。丹後の支配者細川（長岡）藤孝である。

光秀の娘・お玉は、藤孝の嫡男忠興《ただおき》に嫁している。のみならず藤孝は、順慶と同様軍事的に光秀の組下であった。今度の謀反を起こすにあたって光秀は、必ず味方する大名として計算に入れていたにちがいない。変が一段落すると同時に、勧誘の手紙が藤孝宛てに発せられたであろう。だが、その報を聞いた細川父子は、剃髪《ていはつ》して信長に弔意を表し、光秀の誘いを拒絶したのである。

六月九日といえば、光秀が上洛して吉田兼和邸でくつろいだ日だが、この日付けで光秀は、長岡父子に自筆の書状をしたためている。後につぶさに検証することになる文書なので、書き下しにして全文を引用する（『細川文書』）。

一　御父子（藤孝・忠興）もとゆい御払い候由、もっとも余儀なく候。一旦我等も腹立ち候えども、思案候ほど、かようにあるべきと存じ候。しかりといえども、この上は大身を出され候て、御入魂希《ねが》う所に候事。

一　国の事、内々摂州を存じ当て候て、御のぼりを相待ち候つる。ただし、若州の儀おぼし召し寄り候わば、これもって同前に候。指し合いきと（急度）申し付くべきに候事。

一　我等不慮の儀存じ立て候事、忠興など取り立て申すべきとての儀に候。さらに別条なきに候。五十日百日の内には、近国の儀相堅めるべきに候間、その以後は十五郎（明智光慶＝光秀の嫡男）、与一郎（忠興）殿など引き渡し申し候て、何事も存ずまじく候。委細両人（使者のこと。何者か不明）申さるべきに候事。

以上

六月九日　　　　　　　　　　　　　　　　光秀（花押）

もう哀願に近い文面だが、結局は藤孝父子の気持ちを動かすことはできなかった。頼みにしていた細川にはねつけられ、今また筒井も拒絶の姿勢を固めつつある。六月十一日、空しく下鳥羽の陣に戻った光秀の気持ちはどんなだっただろうか。この日の「辰ノ剋」（午前八時頃）、羽柴秀吉は早くも尼崎《あまがさき》に到着していたのである（『浅野家文書』）。

細川父子に宛てた書状の中で明智光秀は、「五十日百日の内には、近国の儀相堅めるべきに候」と、案外悠長なことを言っている。四方に散っている織田麾下の諸将の中でも、万単位の兵力を持つ方面軍は、光秀にとって当面の敵となるべき存在である。では、京都の変を知って、各方面軍と客将の徳川家康はどのように動いただろうか。

織田軍諸将と徳川家康の対応

四個の織田方面軍の中で最も京都の近くにいたのは、神戸信孝率いる四国討伐軍である。総大将の信孝は住吉《すみよし》で、副将の丹羽長秀と津田信澄《のぶずみ》は大坂で、同じく蜂屋頼隆《はちやよりたか》は岸和田で変報に接したものと思われる。四国へ向けて船を出す、まさにその直前であった。

『イエズス会日本年報』によると、変報が軍中に伝わるや、信孝の兵の大半は逃亡してしまったという。後に述べる通り、もともと各国から寄せ集めの軍勢である。総大将の威令が行き届かなかったとしてもやむを得ないだろう。それでも信孝は、残兵を率いて大坂へ出向いた。大坂にいる信澄を討つためである。

信澄は光秀の娘婿である。しかも父親の信勝《のぶかつ》(「信行《のぶゆき》」として知られている)は、ずっとむかしのことだが、信長に討たれている。信孝は信澄が光秀と組んで父のかたきの信長を討った、と疑われたのだろうか。そうではあるまい。信孝は信澄が光秀に味方することを恐れたのだろう。信澄は「一段の逸物なり」と評されるほどの人材だった(『多聞院日記』)。信孝は、六月五日、やはり大坂にいた丹羽と結託して信澄を襲い、これを討ち取った。そして、謀反人のレッテルを貼って、その首を堺の町にさらした(『多聞院日記』『イエズス会日本年報』)。

だが、兵の多くに逃亡された信孝は、信澄に難癖をつけて討ち取るのが精一杯の動きだった。副将の丹羽にしても蜂屋にしても、もともと兵力は乏しい。優勢な明智軍に向かって積極的に弔《とむらい》合戦《かっせん》を挑む力などはなかったのである。

北陸方面軍の柴田勝家たちはどうしていたのだろうか。

六月二日当日は、まさに越中魚津《えっちゅううおづ》城攻めの大詰めの時であった。その落城は翌日、つまり六月三日である。三日にはまだ京都の変報は届いていない。変報が勝家たちの陣に届いた日にちについては不明だが、六月八日付けで上杉景勝が家臣の色部長実に宛てた書状に、柴田たちがことごとく敗軍したとあるから、七日以前であることは確実である（『別本歴代古案』）。京都から越中東部までの距離から見て、四日か五日であろうか。ちなみに、良質史料とは言いがたいが、『加賀金沢前田家譜』には四日とある。それまでの北陸方面軍の動きを伝える史料はない。だが、魚津攻略から変を知るまでは一日あるいは二日にすぎない。魚津城内を片付けていたか、上杉軍が集結していたと思われる天神山城を攻撃する動きを始めていたものと思われる。

変報を受けて、北陸方面軍は越中東部から撤兵した。越中在陣の上杉軍の主力は、やや東方にある天神山《てんじんやま》城に固まっていたと思われるから、総大将の勝家は、これ以上の進軍を放棄して撤退することを選んだのである。前田利家は魚津から船に乗って引き上げた、と書かれた史料もあるところを見ると、それぞれの部隊がバラバラに退いた様子である（『加能越古文叢』）。佐々成政は富山へ、前田は能登七尾《のとななお》へ、佐久間盛政《さくまもりまさ》は加賀尾山《かがおやま》（金沢）へ、そして柴田は越前北庄《えちぜんきたのしょう》へと、それぞれの居城に帰陣した。

北庄に戻ったはいいが、柴田はすぐには近江方面に軍を出せなかった。それは、上杉が失地回復を目指して越中・能登の国衆を扇動したため、佐々《さっさ》・前田はもちろん、佐久間さえも領国を動けない有様だったからである（『中村不能斎採集文書』）。十八日になって柴田は、ようやく近江に出てきたが、すでに秀吉の手により弔合戦は終わっていたのである（『小川武右衛門氏所蔵文書』）。

関東・陸奥の大名たちを指揮する滝川一益《かずます》はどうしていたか。

滝川の居城厩橋《まやばし》に変報が届いたのは、『石川忠総留書』によれば、六月九日の夜だったという。遅すぎるという感もあるが、小田原《おだわら》の北条氏が知ったのは十一日の未刻というから、それが妥当なところだろうか（『高橋一雄氏所蔵文書』）。

滝川が新領上野《こうずけ》の経営に乗り出したのは、本能寺の変のわずか一ヵ月前である。誼《よしみ》を通じていたとはいえ、関東の大名たちは新しい支配者に心服しているわけではない。バックにいる信長の存在が彼らを従わせていたのである。京都の変に関する上野国衆富岡六郎四郎からの問い合わせに対し、滝川がとぼけているのは、彼らを信用していないからである（『富岡文書』）。

北条氏はまもなく京都の変の確報を得ると、敵対の色を明らかにして軍勢を上野へ向ける。そして、十九日に行われた神流川《かんながわ》の戦いでは上野国衆に戦意がなく、滝川は手痛い敗戦を喫してしまうのである。

羽柴秀吉率いる中国方面軍については後にして、客将徳川家康の動きを追ってみよう。六月一日、茶の湯三昧の日を送った家康は、翌二日の朝、京都へ向けて宿所を出発した。『宇野主水日記』の追記によれば、変報を聞いて堺を逃げ出したとあるが、やはり信長に挨拶するため京都に向かい、その途中、変報に接したのだろう。

家康は、同行した穴山梅雪《ばいせつ》とともに伊賀《いが》越えの道を歩む。京都の商人茶屋四郎次郎《ちゃやしろうじろう》に先導をさせ、わずか三十人余りが供をしたにすぎない。途中、梅雪は土民の襲撃を受けて命を落したが、家康はなんとか伊勢白子までたどり着き、そこから船で三河大浜《みかわおおはま》に戻ることができた。堺出発から二日後、六月四日のことであった（『家忠日記』『当代記』）。

浜松《はままつ》城に帰城した家康は早速兵を集め、京都方面に攻め入って光秀と雌雄を決する計画を立てた。十四日に出陣、尾張鳴海《なるみ》まで進む（『家忠日記』『吉村文書』ほか）。ところが、この地でしばらく様子を見ていたところ、十九日になって秀吉から弔合戦が終わった旨の報告を受けたのであった（『家忠日記』）。

羽柴秀吉の対応

最後に羽柴秀吉の中国方面軍の動きを見よう。

秀吉が京都の変報を受け取った時分については、六月三日の夜と四日の二説に分かれている。しかも、それが、秀吉自身が書いた手紙でも二つに分かれているのである。

そのうちの一通は、この年十月十八日、織田信孝の老臣の岡本良勝《よしかつ》・斎藤利尭《としたか》に宛てた書状である。

京都において、上様お腹めされ候由、同四日に注進ござ候（『浅野家文書』）

もう一通は、変から八年後になる天正十八年の五月二十日に、家臣の浅野長吉《ながよし》・木村常陸介《ひたちのすけ》に宛てた書状である。

総見院様（信長）六月二日お腹めされ候事、三日の晩に、彼高松表へ相聞こえ候（『浅野家文書』）

後者は八年前の回想として書かれた記事だけれど、なにしろ秀吉にとって運命の分かれ道になった瞬間である。暗いうちだったことはまちがいあるまい。「三日の晩」「四日」、どちらも正しいのである。

当時は、夜明け前のことを前日に含めることが半ば習慣になっている。それを考えると、秀吉が変報に接したのは、三日の夜半過ぎ、現代の言い方に従うと四日の未明ということではなかろうか。

変報を受けた秀吉は、テキパキと行動した。すぐに高松城内に使者を遣わし、高松開城の条件について交渉する。城主清水宗治《しみずむねはる》は以前より自分の切腹によって城兵を助命してほしいと申し出ていただけに、交渉はすぐに決着したであろう。そして交渉成立後ほんの数時間と思われる四日の巳刻（午前十時頃）、宗治は湖上で切腹し、城兵は約束通り毛利陣へ送られるのである（『萩藩閥閲録』ほか）。

高松城を受け取った秀吉は、次に毛利氏との和睦交渉に入る。ともかく毛利氏が京都の変を知る前に、交渉を成立させることである。一刻の猶予もなかった。

直接交渉に当たったのは、秀吉方は蜂須賀正勝《はちすかまさかつ》、毛利方は安国寺恵瓊《あんこくじえけい》だった。高松城が開け渡された後だから、交渉の争点は毛利氏の割譲地のこと一本にしぼられている。しかも、数日前より毛利方から和睦の条件が提示されている（『惟任謀反記』『毛利家日記』）。それを詰めるだけで和睦は成立する。毛利氏は備中・伯耆をも手放す覚悟だったようだが、一刻をも急ぐ秀吉は、因幡《いなば》・美作《みまさか》と伯耆《ほうき》半国、備中《びっちゅう》は足守川《あしもりがわ》以東の譲渡ということで手を打った。こうして、なんとか毛利氏が変を知る前に交渉を成立させ、誓紙まで交わすことができたのである。

信長の死を隠し、急いで毛利氏と講和を結んだ秀吉だが、その後、逃げるように高松の地を去ったわけではない。二日間そこに駐まっている。高松の地を動いて東方へ向かうのは、六日の未刻（午後二時頃）のことなのである（『浅野家文書』『惟任謀反記』）。

なぜ秀吉は、すぐに陣を払って弔合戦に赴かなかったのか。それはやはり、毛利軍の出方を警戒したからである。

毛利氏がじきに京都の変を知ってしまうことは止められない。もし秀吉がすぐに軍を引き上げたならば、追撃される恐れがある。変を知った毛利軍が向かってくるなら戦おう。講和を守って退陣するなら、それを見届けてから急ぎ上方へ向かえばよい。そう考えて秀吉は、じっと毛利軍の出方をうかがっていたのである。

京都の変を知ったはずなのに、毛利軍は攻撃してこなかった。そして、六日には高松表の陣を払って引き上げていった（『萩藩閥閲録』）。それを見て秀吉は、すぐに上方へ向けて出発するよう命令を下したのである。

なぜ毛利氏は、せっかくの上洛のチャンスを捨てて、高松表を引き上げてしまったのだろうか。同じ六月六日付けで国元に発した、小早川隆景と毛利輝元の二通の書状がヒントを与えてくれる（『萩藩閥閲録』『毛利氏四代実録考証論断』）。二通とも内容は大同小異だが、『萩藩閥閲録』のほうの文面を意訳すると、次の通りである。

一日に京都で信長・信忠父子が討たれ、二日に大坂で信孝が討たれた。謀反した者は、津田信澄・明智光秀・柴田勝家だということである

もしこの情報通りだとしたら、たとえ追撃して秀吉軍を破ったとしても、明智・柴田の大軍を向こうに回して京都まで攻め入ることは難しい。まずもっと確実な情報を得、上方の様子を見てから対策を講じたほうがよい。このような考えに至ったのではなかろうか。

六月六日未刻に高松を出発した秀吉は、その日のうちに沼城に入った。そして翌日は朝のうちにそこを発ち、大雨の中、溢れている川をも渡って、その日の夜には姫路城に着くのである。「二十七里（約一〇六キロ）の所を一日一夜」で姫路に到着した、と秀吉自身が自慢しているが（『浅野家文書』）、二十七里とは高松から姫路までの距離、その中でも七〇キロ余りある沼《ぬま》—姫路間を一日のうちに駆け抜けたのがすごい。

大雨の中、甲冑《かっちゅう》を着けての行軍である。兵の大部分が置いてきぼりを食らい、遅れて姫路城に到着したのは当然である。ついに山崎の戦いにも間に合わなかったという兵も多かったようである。

姫路城の中で一服休憩をとった秀吉は、堀秀政《ひでまさ》・黒田孝高《よしたか》ら周囲の者に、いちかばちかの博打《ばくち》の決意を披露したという。そのあたりは『川角太閤記』に面白く語られているとこ

ろである。以下、そうした逸話など枝葉末節は省略して、ひたすら秀吉の行程を辿れば次の通りである。

六月九日午前　姫路城発
　同日夜　明石《あかし》着
十日午後　同発
十日夜　兵庫着
十一日未明　同発
同日午前八時　尼崎着
　十三日　富田《とだ》着
同日午後四時　山崎の戦い始まる

沼―姫路間ほどではないけれど、明石―兵庫間、兵庫―尼崎間、いずれもかなりのスピードである。それでも明石に居た時には、光秀に味方している淡路の洲本《すもと》城を攻めさせたりしているから、ただ突き進むばかりではなかったのである。

十一日に尼崎に着いた秀吉は、大坂にいる信孝・丹羽・蜂屋、それに摂津の池田・中川・高山たちに連絡した。彼らの軍は続々と尼崎の秀吉陣に参着してきた。秀吉は彼らと、これから行われる光秀との決戦の作戦を練った。さらに遅れて大坂から丹羽も駆け付けた。十三日の昼時分になって、富田に移した陣に信孝も合流した。中川・高山は小身、丹羽・蜂屋・池田にしてもやっと数千の兵力といった身上にすぎない。信長の息子で四国討伐軍司令官だった信孝にしてからが、兵の多くに逃げられて、ひたすら秀吉の到着を待ってい た有様である。秀吉が諸将の中心的存在として立てられたのは、自然の成り行きといえるだろう。

秀吉を中心に集合した軍勢は、『太閤記』に「四万」、『兼見卿記』に「二万余」とある。兵力の数値などというものは、史料の質の良否にかかわらず当てにならないものだが、『兼見卿記』の二万余というのが事実に近いと思う。

本能寺の変研究の流れ

江戸時代におけるとらえ方

江戸時代の信長評

江戸時代、徳川家康といえば「神君《しんくん》」と祭り上げられ、その業績や人となりを批判したりすることは許されなかった。完璧な人格の持ち主とされ、リアルな人間像を描くこともできなかったのである。

豊臣秀吉はどうか。江戸幕府は常に秀吉を賛美する動きを警戒していた。裏を返せば、それだけ庶民に人気があったのである。体制内に抑圧されていた庶民が、彼のサクセスストーリーに快哉《かいさい》を叫んだこと、それに悲運にも滅びてしまった者に対する判官《ほうがん》びいきという要素もあったのだろう。庶民向けの物語『絵本太閤記』などは当時のベストセラーになっている。この秀吉人気は、江戸という新興都市に対する関西人の感情と結び付き、特に秀吉の本拠地のあった大坂ではたいへんなものであった。

では織田信長は、江戸時代にどのように扱われていたのか。一口で言うと、武士の間でも庶民の中でも人気がなかったのである。

武士に人気がなかったのは儒学思想の影響が大きい。信長という人間は、仁も義も礼も知らない酷薄《こくはく》無惨《むざん》な男と儒学者に決め付けられていた。これは儒学の学派に関係なく、共通した評価である。しかも、江戸時代も中期になるに従って、その評は厳しくなってゆく。

まず、江戸時代初期の儒学者・小瀬甫庵《おぜほあん》。彼は本能寺の変の時十九歳。信長に会ったことはないにせよ、その政権下で少年時代を送った男である。太田牛一《おおたぎゆういち》の『信長公記《しんちようこうき》』をもとにして、信長の伝記『信長記』を書いた。その『信長記』の最終巻（巻十五之下）に、「信長公早世之評」という文が載っている。

　孝行の道厚からず、ことに無礼におわせしによって、果して冥加《みようが》なく早く過させ給なるべし

　敵国の兵といえば、皆討ち亡さでは叶《かな》わざるようにおわしましし

　信長公御身金石《きんせき》をも欺《あざむ》くほどに、信を堅く守り給いしによって、人の非をもっての外に悪《にく》みいましめ給えり

つまり、敵味方を問わず他人に対して厳格に過ぎ、狭量で思いやりがなかった、というのである。

そのほか、武道ばかりで文道に理解を示さなかったこと、高野山《こうやさん》に乱暴を働いたこと、家臣の諫諍《かんそう》を用いなかったことなどが非難されている。

江戸時代も中期以降になると、信長に対してはより辛辣《しんらつ》になる。朱子学者で六、七代将軍の政治顧問だった新井白石《あらいはくせき》の『読史余論《とくしよろん》』の中の信長評。

すべてこの人（信長）、天性残忍にして、詐力《さりょく》をもって志を得られき。されば、その終りを善くせられざりしこと、自ら取れる所なり。不幸にはあらず
つまり、その非業《ひごう》の死は自業自得というのである。

白石は、信長が弟（信勝《のぶかつ》）を殺したこと、息子たちを使って北畠《きたばたけ》氏らを滅したこと、妹婿（浅井長政《あさいながまさ》）を滅したこと、娘婿（松平信康《のぶやす》）を殺したことなどをあげつらい、「父子兄弟の倫理、すでに絶えし人なり」「かく凶悪の人」と酷評する。そして、林秀貞《ひでさだ》・佐久間《さくま》信盛《のぶもり》たち織田家の功労者をむかしの恨みによって追放したとなじり、光秀の謀反も信長が「君臣の義」を知らなかったところに原因がある、と言い切っている。

江戸時代後期に移っても、同様に信長評はひどい。儒学の中でも折衷《せっちゅう》学派に属する太《おお》

田錦城《たきんじょう》の『梧窓漫筆《ごそうまんぴつ》』の中の一節。

信長は猜忌《さいき》、頼朝《よりとも》より勝れり。その残暴は、頼朝の為さざる所なり

局量の狭少なるは、遥かに諸将に劣れり

そして、「信長の残忍を見よ」と叫んで語っているのは、恵林寺《えりんじ》の焼き討ち、荒木一類の虐殺、朝倉義景《あさくらよしかげ》・浅井長政・同久政《ひさまさ》の髑髏《どくろ》を薄濃《はくだみ》にしたことである。

ここまで江戸時代の信長評を紹介してきたが、もちろん彼の戦略や人材登用などに関しては称賛する言葉もある。しかし、こと性格に関しては、散々と言うしかない有様なのである。

では、庶民の間では信長はどのように見られていたか。秀吉のような人気者ではなくとも、ある種の共感や憧憬が見られなかっただろうか。否、ここでも信長は、決してよい印象を持って受け入れられてはいない。やはりわがまま勝手で、他人に厳格すぎ、残虐な行為もあえてする男、というイメージなのである。

このような人物には、物語の主役の座は与えられない。江戸時代の庶民文学の中で、信長を主人公にしているのはただ一つ、浄瑠璃『祇園祭礼信仰記《ぎおんさいれいしんこうき》』(『祇園祭礼信長記』ともいう) ぐらいなものである。これとても、物語の初めのうちは主人公は小田春長《はるなが》(織田

信長）だが、途中で主役交代し、後半は此下東吉《このしたとうきち》（木下藤吉郎秀吉）が中心になっている。同じ浄瑠璃の『絵本太功記』では、主役武智《たけち》光秀（明智光秀）に討たれる横暴な主君小田春長という悪役で登場する。また、庶民に広く読まれ、上演もされたいろいろな『太閤記』でも、主人公秀吉を引き立てる脇役でしかない。

このような信長を再評価したのは頼山陽《らいさんよう》だが、それはもう十九世紀になってからのことである。

彼は、信長が戦国群雄の中から独り勝ちを収めたのは「超世の才」に拠るものだとし、数百年も続いた分裂を一統するためには思い切った処断も必要であった、と弁護している。そして、秀吉も家康も志を成したのは信長にその素がある、皇室・将軍家の現在の隆盛も信長の業績のおかげである、と説いている（『日本外史《にほんがいし》』）。江戸時代にあってはなかなかの炯眼《けいがん》といおうか。明治期になっても、この信長評は受け継がれてゆく。

本能寺の変のとらえ方

これまで見てきた通り、江戸時代は、暴虐無惨な信長像がほぼ定着していたといってよい。それだけに、本能寺の変は、その暴虐ぶりに耐え兼ねた光秀が、度重なる怨恨《えんこん》を晴らすために起こしたものと考えられていた。劇的場面を意図的に創作した小説や演劇ばかりでなく、史実としてもそのように解釈されていたのである。

例えば林家二代目の林鵞峰《がほう》の編んだ『本朝通鑑《ほんちょうつがん》　続編』。寛文《かんぶん》十年（一六七〇）成立の通史である。これを江戸時代初期の代表的歴史書としてあげる。

一、信濃《しなの》に出陣していた時、光秀は稲葉一鉄《いなばいってつ》と争論になった。信長は一鉄に利があると裁定したが、光秀は承知しない。怒った信長は、光秀の髪をつかんで打擲《ちょうちゃく》した。光秀の謀反の心はここで起こったのである。

二、家康が安土《あづち》を訪問した時、光秀は饗応役を務めた。ところが信長は、急に西方への出陣を命じて、その役を取り上げた。光秀は努力の無駄になったことを怒り、道具を湖水に投げ捨てた。

一は『祖父《そふ》物語』、二は『太閤記』と『川角《かわすみ》太閤記』に載せられた話に基づいたものである。いずれも単なる風説から発展したものだが、事件の百年以内にすでに定説化している様子である。

信長の暴虐が原因というこうした解釈は、信長の功績を認めている江戸時代後期の『日本外史』にしても同様である。そこには、次のような信長の暴虐ぶりが列記されている。

一、罪があって稲葉のもとを去り光秀に再仕した斎藤利三《としみつ》を、信長は殺そうとしたが光秀が承知しなかったので、叱りつけた。
二、酒宴中、光秀が酒を飲まないのを見付けた信長は、追いかけて組み伏せ、刀を抜いて「酒を飲まないならこれを飲め」と迫った。その後、光秀の頭を抱えて叩き、鼓《つづみ》のようにもてあそんだ。
三、寵愛する森蘭丸《もりらんまる》が父可成《よしなり》の旧領で現在光秀の領地となっている志賀《しが》郡を欲しがったのに対し、信長は三年後にそれを渡すことを約束した。
四、家康の饗応役を命じられ、粉骨砕身務めたのに、信長は突然出陣の命令を下して、役目を取り上げた。
この中で、四は『本朝通鑑　続編』と共通しており、江戸時代を通じて光秀の謀反の一因として信じられてきた様子がうかがえる。ところが、一、二はずっと後の『続武者物語《ぞくむしゃものがたり》』、三は『改正三河後風土記』で作られたと思われる話である。本能寺の変の原因を探る、という課題は、江戸時代を通じてまったく進歩していないばかりか、とんでもない説が新たに捏造《ねつぞう》されて、怨恨説に尾鰭《おひれ》が付いてきたようである。

明治期以降の流れ

明治期から昭和前期まで

明治期以後、日本史の研究は飛躍的に進歩し、良質の史料に基づいた実証主義史学が発達した。そうした中で、本能寺の変というテーマは積極的に研究家に取り上げられ、学術誌に載せられたり、通史のページを割いたりすることになる。次にあげる通り、当時の日本史研究をリードしていた錚々たる顔触れが、このテーマについて各々の推論を語っている。

徳富《とくとみ》蘇峰《そほう》（ジャーナリスト、歴史家）
田中義成（東京帝国大学教授、中世史）
渡辺世祐《よすけ》（東京帝国大学史料編纂官、中世史）

花見朔巳《さくみ》（東京帝国大学史料編纂官、中世史）
牧野信之助（京都帝国大学講師、中世史）
田中久夫（千葉大学教授、仏教史）

これら先学たちの推論で共通しているのは、信長は日本史上に偉大な業績を刻した人物だが、その性格は暴虐・酷薄で、周囲の者から恨みを買うという素地を自ら作ったということである。すなわち変の原因として、そうした性格の信長が光秀に何かとつらく当たり、ついに光秀が耐え兼ねて謀反を決意した、という論である。つまり、各説ニュアンスの違いこそあれ、主原因は「光秀の怨恨」ということで一致している。そのため、目立った論争には至っていない。

ただ、謀反の引き金となった怨恨については、各説異なった推論が展開されている。例えば、田中久夫氏は八上《やがみ》城で母が見殺しにされたことを特に注目しているし、渡辺世祐氏はもともと光秀の信長に対する忠誠心が薄かったことにも原因があるとしている。

その中で、徳富蘇峰氏と牧野信之助氏は、いろいろな怨恨《えんこん》の原因を並べながらも、光秀に年来野望があったということと、まさに千載一遇のチャンスがめぐってきたことについても述べている。また徳富氏は、数々の怨恨の原因中でも、信長の対長宗我部《ちょうそかべ》氏政策について明確に言及していることが注目に値しよう。

この時期に発表された論考の中で特に注目されるのは、それまでも光秀に関する論考を数編発表してきた桑原三郎氏の推論だろう。桑原氏は信長と光秀との親密関係の変化に視点を置き、信長は最晩年に、近畿から旧勢力を逐って一族・直臣を入れる方針を立てた、それが旧勢力を基盤としてきた光秀と矛盾を生じた、と述べている（「本能寺の変の一起因」『歴史地理』七三―三、一九三九年）。その具体的例としてあげているのは、天正《てんしょう》十年（一五八二）五月十四日付けの丹波《たんば》国侍中宛て信孝判物《のぶたかはんもつ》（『人見文書』）である。その記事によって、丹波召し上げという『明智軍記』の記事も決して妄説ではない、と述べている。

こうして一部には新しい学説は見られたものの、全体的に見ると、江戸時代から引きずってきた「怨恨」という流れは、大きく変化することなく太平洋戦争の時期に至るのである。

こうした研究の停滞がなぜ続いたかというと、それは史料の吟味の不十分さが原因であろう。大家として学界に大きな影響力を持っているお歴々が、『川角《かわすみ》太閤記』レベルの史料を無批判で信じ込み、『総見記《そうけんき》』『明智軍記』あたりの俗書をも検証に用いているのを見ると、まだまだ実証主義史学は未成熟だったと言わざるをえない。

実証史学による検証―高柳説の登場

史料吟味の不十分さにより「怨恨」説から踏み出すことができなかった、そのような風潮を断ち切ったのが、高柳光壽《みつとし》氏の『明智光秀』（吉川弘文館、一九五八年）であった。高柳氏はこの著書の中で、光秀が信長に対して抱いた「怨恨」なるものを一つ一つ取り上げ、それらがいずれも史実とは認め難いものであることを論証している。高柳氏によって否定された怨恨原因を、その出典とともに並べてみよう。

一、丹波《たんば》八上城攻めの時光秀は、母を人質にして開城させたが、信長は城主の波多野《はたの》兄弟を殺してしまったので、母は城兵によって殺された（『総見記』）。

二、光秀の家康饗応のための生魚の悪臭に腹を立て、光秀の役を罷免した（『川角太閤記』。『太閤記』などにも、せっかく心を込めて饗応の準備をしたのに急に西国出陣を命じられて、光秀が信長を恨んだと書かれている）。

三、斉藤利三《としみつ》は稲葉一鉄《いってつ》のもとを去り、光秀に仕えていた。信長が稲葉に返すよう命令したが、光秀がきかなかったので暴力を振った（『川角太閤記』『続武者物語』）。

四、庚申待《こうしんまち》の夜、酒宴の中小用に立った光秀に、信長が槍を突き付けて詰問した（『義《ぎ》残後覚《ざんこうかく》』『続武者物語』『柏崎《かしわざき》物語』）。

五、武田氏を滅した後の諏訪《すわ》の陣中で、「我らも骨を折った甲斐があった」という光秀の言葉に腹を立てた信長が、光秀を折檻《せっかん》した（『祖父物語』）。

高柳氏はこうして、これまで「怨恨」の原因とされていた記事を取り上げ、良質史料をもとにした反論によって、それらをすべて否定しているのである。典拠となっている史料を見ても、比較的質のよいものは『川角太閤記』ぐらいなものであり、高柳氏が否定するのは当然といえるだろう。

さらに高柳氏は、一部で唱えられてきた「陰謀露見説」をも取り上げ、それをも否定している。

六、光秀はかねてから信長打倒の陰謀を廻らせていたが、それが露見しそうになったので謀反に及んだ（『甲陽軍鑑《こうようぐんかん》』『林鐘談《りんしょうだん》』『綿考輯録《めんこうしゅうろく》』）。

「怨恨」説、さらに「陰謀露見」説を否定して、高柳氏の行き着くところは「野望」説なのだが、その「野望」が早期から計画されたもの、あるいは光秀が本質的に謀反人だったという説に対しては、やはり否定する姿勢である。早期計画説は『惟任謀反記《これとうむほんき》』『豊鑑《とよかがみ》』といった比較的良質な史料にある。また、元来謀反人であって、自分が築いた城の地を周《しゅう》の武王《ぶおう》に倣って「周山」と号したという話は『老人雑話《ろうじんざつわ》』にある。『老人雑話』は、一五六五年の生まれで百歳まで生きた江村専斎《えむらせんさい》が生前に語ったことを門人の伊藤坦庵《たんあん》がまとめた聞書集で、明らかな誤りもあるが、かなり参考になる記事も含んでいる史料である。光秀という人間の内面に関することについては、たとえ史料の質がよくても見通すことは難しいと言わねばならない。

「野望」説については、先に紹介した通り徳富蘇峰氏も触れている。信長がわずかな供ばかりで京都に泊まったことは、天下への野心を持った光秀にとって、まさに「開いた口に牡丹餅《ぼたもち》、猫に鰹節」だったというわけである（『近世日本国民史　織田氏時代』）。だが、徳富氏の論は、『信長公記』『川角太閤記』など比較的良質な史料に依拠しているとはいいながら、十分な史的考証の上に立った学説とは言い難い。その点高柳氏の論述は、史料の吟味を徹底した考証だっただけに、説得力が違った。長い間信じられてきた「怨恨」説は、この高柳氏の論述によって、フィクションの世界のみに追いやられてしまったかのように見えた。

ところが、この後、高柳氏と並ぶ戦国史の泰斗である桑田忠親氏が、これに対する反論を発表する。『織田信長』（角川書店、一九六四年）および『明智光秀』（新人物往来社、一九七三年）の中の論述である。

桑田氏は、高柳氏が俗書として捨て去った史料も吟味し直す一方、これまで見過ごされてきたフロイスの『日本史』にある記述などを新しい根拠にして反論を構築している。『日本史』にある記述とは、変の起こる直前、信長の命令に光秀が口答えをしたため信長が激昂《げつこう》し、光秀を足蹴《あしげ》にしたという記事である。桑田氏の説の前提になっているのは、次のような論理である。

すなわち、秀吉や家康のような大物にしても、それぞれ信長の死、秀吉の死に直面してはじめて天下を意識した。光秀程度の武将が信長生前より天下に望みをかけるはずがない。やはり変は、信長の仕打ちに対する光秀の個人的怨恨、ないしは武道の面目を立てることが主たる原因であった、というわけである。

あらためて両氏の学説を読み直してみると、まだまだ検証に不十分さを覚える。それは、一次史料による検証の部分が少ないことである。

本能寺の変当日あるいはその前後の様子を最も詳しく伝えている日記は勧修寺晴豊《かじゆうじはれとよ》の『日々記《にちにちき》』だが、これは岩沢愿彦氏が一九六八年に『晴豊公記』の断簡として初めて紹介した史料である（「本能寺の変拾遺―『日々記』所収『天正十年夏記』について―」『歴史地理』九一―四）。また、信長文書を集大成した奥野高廣氏の『織田信長文書の研究』（吉川弘文館）が刊行されるのは、一九六九年のことである。そうした史料的制約もあり、一次史料の発掘、刊行が進んだ現在のレベルから見ると、反論の余地を大きく残したままの論述であったといえよう。

研究停滞の時代

高柳・桑田論争は、戦国史の二大泰斗ともいうべき研究家による論争だったのだが、それだけに、この後、かえって本能寺の変の真相究明という課題は学界では沈滞してしまう。時々一般向けの文献に、紋切り型の推論が載せられるにとどまってしまうのである。

むしろこの時期は、研究家以外の者の活動のほうが顕著である。本能寺の変を描いた小説もいくつか見られるし、作家・評論家を自称する者が、創作ではなく史論として執筆する動きも見られた。作家の永井路子氏、同じく広瀬仁紀氏、ドキュメント作家豊田穣氏、評論家の亀井勝一郎氏、同じく大和勇三氏、病理学者の王丸《おうまる》勇《いさむ》氏、同じく服部敏良《としろう》氏、美学者の吉村貞司氏。中でも世間の注目を集めたのは作家の八切《やぎり》止夫《とめお》氏だった。

八切氏は、『信長殺し、光秀ではない』（講談社、一九六七年）というショッキングなタイトルで、光秀はまったく本能寺の変には関係しておらず、斎藤利三が単独で本能寺を襲い、イエズス会宣教師が寺を爆破したという突飛な説を展開した。小説ではなく「史論」

と筆者は述べてはいるが、史学的考察は支離滅裂でとても歴史の文献とはいえないものであった。ほとんどの研究家が無視する中で、桑田氏だけが短文ながら反論を載せている。このように八切氏の論述は、一般読者に広く読まれたものの、本能寺の変の本格的研究の起爆剤にはならなかったようである。

このテーマの本格的研究が沈滞していたといっても、信長研究全体が低調だったわけではない。一九七〇〜七四年、朝尾直弘氏の「『将軍権力』の創出」（『歴史評論』二四一、二六六、二九三）が発表されて、絶対的な徳川将軍の源流を信長に求めるという仮説のもと、織田政権の分析がなされた。さらに脇田修氏が一九七五年に『織田政権の基礎構造―織豊政権の分析I―』、一九七七年に『近世封建制成立史論―織豊政権の分析II―』（いずれも東京大学出版会）を上梓し、前者で織田政権下における土地所有関係及び農民支配についての分析、後者で都市・商業政策、石高制《くだかせい》、軍役等の解明が試みられている。これらの成果は、以後の織田政権研究への新しい展望を開いた労作であり、その後、織田政権をめぐる研究は飛躍的に進むのである。

織田政権論に関してはこれほどの成果を見ながらも、「なぜ本能寺の変が起きたのか」というテーマについては、積極的に取り上げる研究は現われなかったのである。何人かの研究家が通史の記述のついでに私見を述べていたにすぎなかった。

関与・黒幕説の登場

一九九〇年代に入り、本能寺の変がにわかに注目を集めだした。だが、ここでもその中心になったのは、「作家」を自称する人たちであった。本業のフィクションではなく、ノンフィクションの形で次々と作品が出されたのである。ノンフィクションとはいっても、やはり史料の吟味などを厳重に行ったりせずに、作家の立場で自由に推論を廻らせたものがそのほとんどである。

この盛り上がりの原因としては、一九九二年度のNHK大河ドラマが『信長』だったことも大きい。それを見据えて書かれた、いわゆる「あやかり本」が多かったことは否定できない。そうした一般的な盛り上がりの中で、光秀が何者かに操られていたという、いわゆる「黒幕（関与）説」が台頭してきたのである。

作家が自由に発想した結果なので、その「黒幕（関与）説」も実に多岐にわたっている。朝廷黒幕説、足利義昭《あしかがよしあき》黒幕説、羽柴秀吉黒幕説、徳川家康黒幕説、毛利輝元《もうりてるもと》黒幕説、堺商人黒幕説、その他いろいろな関与・黒幕説が唱えられた。中には、二人以上が共謀して光秀を動かしたという「複合黒幕説」もいくつか現われた。そのほとんどは、歴史の専門家の目から見ると、読者の興味に迎合しただけのいいかげんな説で、「研究」と呼ぶに値するものはほとんどなかったといってよい。しかし、それらの中で、「朝廷関与（黒幕）説」だけは一考の価値があると思われた。

「朝廷関与（黒幕）説」提唱の背後には、今谷明氏の影響が働いていたと思われる。今谷氏は、一九九二年に『戦国大名と天皇―室町幕府の解体と王権の逆襲―』（福武書店）、『信長と天皇―中世的な権威に挑む覇王―』（講談社）を続けざまに上梓し、戦国時代には天皇権威はかえって向上していた、信長の最大の敵は正親町《おおぎまち》天皇だった、との新しい見解を唱えていたからである。今谷氏自身は、変そのものに関しては天皇をはじめとする朝廷の関与を否定しているのだが、「信長の最大の敵＝天皇」という新しい図式が、そのインパクトの強さによって独り歩きをしてしまった感がある。

しかし、何人かの作家が唱えた「朝廷関与（黒幕）説」は、史学的考証においては粗雑なものばかりで、他の説と同様研究書として評価できるものは皆無に近かった。ただそれらの中にあって、桐野作人氏の『信長謀殺の謎』（ファラオ企画、一九九二年）だけは、推論を進める姿勢が他の著作とは異なっていた。史料をきちんと吟味し、ほぼ的確な用い方をしていたのである。

桐野氏はこの著作の中で、本能寺の変は朝廷内に形づくられた「反信長神聖同盟」なるものが光秀を動かした結果だとしている。これまで高柳氏・桑田氏すら行いえなかったほど一次史料を丹念に読み解いて構築された説であり、内容的には研究家も黙過できない高度な論述が展開されていた。しかし、それにもかかわらず、研究家の中でこれを取り上げた者はなく、学界にはまったく波風が立たなかった。

その二年後、この桐野氏の説をもう一歩学術的に考察し直したのが立花京子氏である。後述するが、立花氏は、『日々記《にちにちき》』に載ったいわゆる「三職推任《さんしきすいにん》」に関する記事の新しい解釈によって、にわかに学界の注目を集めた在野の研究家である。立花氏は本能寺の変に関しても、『日々記』（天正十年夏記）を中心に綿密な考察を行った結果、朝廷が変にからんでいたことを主張した（「本能寺の変と朝廷―『天正十年夏記』の再検討に関して―」『古文書研究』三九、一九九四年）。

立花氏の提示した結論は、先に紹介した桐野氏の説と大同小異だが、桐野氏がほのめかすにとどめた誠仁《さねひと》親王を企ての中心に据えたところに相違点がある。だが、この論考の意義は、そうした結論よりも、これまで作家の筆に任せ放しだった本能寺の変の真相究明というテーマを久々に学術雑誌が取り上げ、学界で広く読まれたということである。

立花氏の論文に刺激を受けたものか、二年後にまたも学術雑誌に本能寺の変の真相究明をテーマにした論文が掲載された。藤田達生氏の「織田政権から豊臣政権へ―本能寺の変の歴史的背景―」(『年報中世史研究』二一、一九九六年)がそれである。

藤田氏がここで提唱したのは、立花氏と同じく関与・黒幕説だが、光秀を動かしたのは毛利氏のもとにいた将軍足利義昭であるという「足利義昭関与(黒幕)説」であった。藤田氏はさらに、単行本『本能寺の変の群像　中世と近世の相剋』(雄山閣、二〇〇一年)を上梓して自説の補強に努めた。

本能寺の変の陰に、信長によって追放された将軍足利義昭がいるという説は、藤田氏が提唱する以前よりあった。まず三鬼清一郎氏が一九八一年、「織田政権の権力構造」(『講座日本近世史1　幕藩制国家の成立』、有斐閣)において、その後の一九八九年、染谷光廣氏が「本能寺の変の黒幕は足利義昭か」(『明智光秀　野望!本能寺の変』、新人物往来社)で、光秀の陰にうごめく義昭の存在について述べている。しかし、三鬼氏・染谷氏の論考は、畿内に残った旧幕臣が光秀の統制下にあったことに着目し、信長の畿内掌握の不徹底さを指摘したにとどまっており、義昭が光秀に指令を下して変を起こさせた、と言っているわけではない。はっきりと義昭の指令があったと論じたのは、研究家の論文としては藤田氏のものが初めてであった。

このような経過のもとに提唱された関与・黒幕説を中心にして、本能寺の変をめぐる研究は、二〇〇〇年代の論争へと発展していくのである。

現在提唱されている諸説と論争

朝廷関与（黒幕）説の概要

桐野作人氏・立花京子氏によって唱えられた「朝廷関与（黒幕）説」は、一時は本能寺の変研究の主流になりそうな勢いだった。二人の論考は、それだけ実証的でかつ緻密であり、説得力に富んでいたのである。その強みは、第一に『日々記《にちにちき》』『兼見卿記《かねみきようき》』等の一次史料を中心に考察を行ったこと、第二にそれらの史料にある語句を厳密に検証したことである。

先に述べた通り、桐野氏は『信長謀殺の謎』（ファラオ企画、一九九二年）、立花氏は「本能寺の変と朝廷」（『古文書研究』三九、一九九四年）が最初の論考だが、二人ともその後、機会あるごとに一般向け雑誌に自説を載せており、補完し合って説を完成させていった感がある。まとめると次のような流れである。桐野『信長謀殺の謎』→立花「本能寺の変と朝廷」→桐野「ついに暴かれた信長謀殺の黒幕」(『歴史群像』一九九四年十二月号)。

その結果、「朝廷関与(黒幕)説」は完成度の高い学説となり、一般読者に浸透していった。NHKテレビの『堂々日本史』でも、「謀反の陰に朝廷あり」という題で一九九八年に放映されている。

その後、桐野氏はこの説を捨てて「単独謀反説」に変わる。立花氏も、朝廷の関与は引き続き認めてはいるものの、中心になって変を企画したのはイエズス会である、と以前と違った説を唱えている。したがって、現在、朝廷が主体となって光秀を動かした、と主張している研究家は見られない。

しかし、かといって、「朝廷関与(黒幕)説」が反論のもとに屈して消滅してしまったわけではない。桐野・立花両氏が唱えなくなっても、まだ「朝廷関与(黒幕)説」の火種はくすぶっているのである。それゆえ、まずこの説から取り上げてみたいと思う。

桐野・立花両氏による「朝廷関与(黒幕)説」の要点を箇条書きにすると、次の通りである。両氏の説にはニュアンスの違いがあるので、出典も記すことにする。『信長謀殺の謎』＝A、「本能寺の変と朝廷」＝B、「ついに暴かれた信長謀殺の黒幕」＝Cの略号で記す。

①信長は次第に正親町《おおぎまち》天皇と間隙を生じ、譲位させて皇太子誠仁《さねひと》親王の即位を策す。最終的には、猶子にした親王の五の宮を即位させ、自らは太上天皇になろうとしていた。（A、C）

②最晩年の自己神格化も、五の宮を天皇、信忠《のぶただ》を将軍とするための布石であった。（A、C）

③光秀は根っからの勤王家で、初めは「勤王・敬織（信長）」だったが、信長の皇位簒奪計画を知り、「勤王・討織」へと変化していった。（A、C）

④朝廷内には、近衛前久《このえさきひさ》・吉田兼見・勧修寺《かじゅうじ》晴豊たち「反信長神聖同盟」なるものができ、光秀を誘って打倒信長を計画した。連歌師《れんがし》里村紹巴《さとむらじょうは》も協力した。（A、B、C）

⑤誠仁親王が「反信長神聖同盟」の影の盟主であった可能性もある。（A、B、C）

⑥秀吉は光秀の陰にある「反信長神聖同盟」の存在を知っており、公家《くげ》たちの弱みに付け込んで政権を取り、最後は関白の地位をも獲得した。（A、B、C）

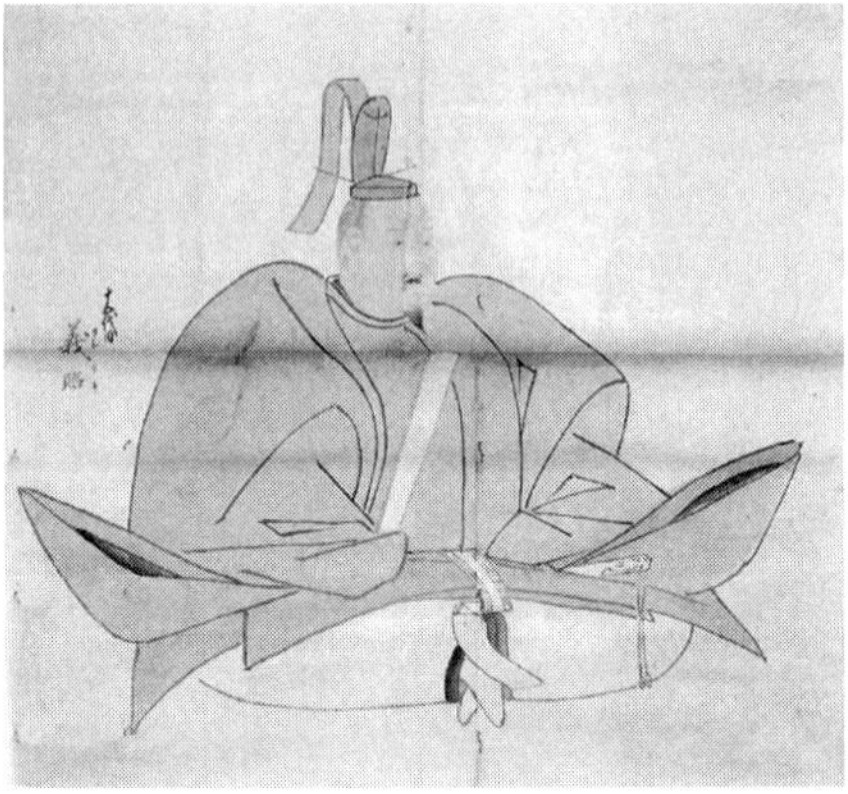

図７　足利義昭（東京大学史料編纂所蔵，滋賀県立安土城考古博物館図録『是非に及ばず』より）

足利義昭関与（黒幕）説の概要

一九九六年、「織田政権から豊臣政権へ—本能寺の変の歴史的背景—」で初めて足利義昭関与説を唱えた藤田達生氏だが、その後、精力的に自説の浸透に努めている。二〇〇一年には、単行本『本能寺の変の群像』を上梓、前論考の不備なところの補強をすると同時に、一般へのアピールを進めた。また、その年の滋賀県立安土城考古博物館の秋季特別展「是非に及ばず—本能寺の変を考える—」の中で記念講演も行った。同展図録に収録された「本能寺の変の実像—明智光秀の政権構想—」がそのレジュメである。さらに二〇〇四年には新書本『謎解き本能寺』を刊行、一般人の間に多くの読者を得ている。

藤田氏の説は、備後鞆《びんごとも》に蟄居《ちっきょ》している将軍足利義昭が、遠く光秀に指令を送って信長を襲撃させたというのだが、義昭・光秀のみの企てというのではない。「朝廷関与（黒幕）説」と同じく、周囲の者が何人か協力しているのである。この説の要点を次にまとめてみよう。

①信長に追放された足利義昭は、鞆に移った後、「鞆幕府」というべき陣容を持ち、有力禅寺の住持の任命権を持つなどかなりの権限を保っていた。

②義昭は鞆にいて、光秀のほか本願寺《ほんがんじ》教如《きょうにょ》・近衛前久・雑賀衆《さいかしゅう》とも連絡をとって打倒信長の活動をしていた。

③光秀は、四国政策をめぐる羽柴秀吉との勢力争いに敗れて織田家臣団内での地位が低下し、左遷の危機におびえていた。

④光秀は謀反を起こす前に、上杉氏・長宗我部氏と連絡をとっていた。

⑤筒井順慶《つついじゅんけい》をはじめ、武田元明《たけだもとあき》・京極高次《きょうごくたかつぐ》たちは、光秀に誘われてその与党に加わっていた。

⑥秀吉は情報掌握に長けていたので、変を予測しており、そのため素早く対応した。

関与・黒幕説をめぐる論争

「朝廷関与（黒幕）説」の先鞭を付け、その後も立花氏と連動する形でその説を補強してきた桐野氏だったが、二〇〇〇年を前にして大きく自説を転換させた。その集大成となった著書が『真説本能寺』（学研M文庫）学習研究社（二〇〇一年）である。その要点をまとめると、次の通りである。

①信長の上洛以来十五年間の織田権力期に深刻な公武の対立が存在したとは思えない。
②信長の自己神格化については、盆山の存在、安土城天主の空間構成等から考え肯定できる。家康の饗応に名を借りたイベントが実はその祭典だった可能性がある。
③誠仁親王が変に関与していることはありえない。近衛前久と吉田兼見については、関与はしていないが、信長と光秀との確執より変を予期していた公算が高い。
④天正八年（一五八〇）以来、信長は信忠をはじめとする一門衆の地位向上の諸策をとった。そのため、光秀一人が割を食う形になった。
⑤特に信孝は信長に四国の支配を求めてきた。そのため信長は四国政策を転換させ、長宗我部《ちょうそかべ》氏と手切れになった。長宗我部氏との間で努力してきた光秀は板挟みになってしまった。
⑥光秀の家臣の中でも、長宗我部氏の姻戚の斎藤利三が先鋭派として光秀を動かした可能性が高い。
はっきりと否定しているのは「朝廷関与（黒幕）説」だけであり、「足利義昭関与（黒幕）説」への批判に筆を向けていないが、これまでの分類に従うと「単独謀反説」ということになる。力点を置いているのは光秀の謀反の動機で、信長の四国政策転換、言い換え

れば長宗我部氏対策の変化に注目しているのは藤田説と同じである。違いは、藤田氏が光秀と秀吉の間に見た葛藤を光秀と信長・信孝の間と考えたことである。

桐野氏がこの著書でかなりの紙面を割いているのは、公武の関係、つまり信長と正親町天皇を頂点とする朝廷とが融和関係にあったか、それとも対立関係だったか、ということである。この問題については一九七〇年代より取り上げられており、織田政権をめぐる論点の一つになっている。そして、一九九五年より堀新氏が数編の論文を発表して融和論を説き、「朝廷関与（黒幕）説」の立場をとる立花氏と論争の形になった。その論争については、後に「関与・黒幕説の再検証」（一二五〜一三五頁参照）で紹介したい。

現在の趨勢

二〇〇〇年代に入って、さらに自説を補強して行った藤田達生氏だが、その論述には新しい論拠が加えられた。それは、六月三日付け、直江《なおえ》兼続《かねつぐ》宛て河隅忠清書状（『覚上公御書集《かくじょうこうごしょしゅう》』所収）で、光秀が変を起こす以前から上杉氏と連絡をとっていたことを確実にする史料、と藤田氏は主張している（「明智光秀の政権構想」『是非に及ばず』、『謎解き本能寺の変』）。

桐野氏が大きく自説を転換させて、光秀の「単独謀反説」の主唱者になったことについては前述したが、立花氏の説もかなり大きく変化する。朝廷の関与は認めながらも、さらにイエズス会を中心とする南欧勢力（イスパニア・ポルトガル）が光秀の背後にいたというのである。イエズス会の関与については、二〇〇〇年前後に執筆した文献の中でその可能性に触れているが、それを集大成したのが新書本『信長と十字架―「天下布武」の真実を追う―』（集英社、二〇〇四年）である。この中で立花氏は、イエズス会が単に光秀を動かしたというだけでなく、信長の統一事業そのものがイエズス会とその背後にある南欧勢力の指令によるものである、という大胆な論を展開している。

先に見た通り、本能寺の変の真相究明という課題は近年、藤田・桐野・立花三氏を主役として展開してきた。二〇〇〇年代に入り、その三氏がそれぞれ自説を主張した単行本を発刊して一般の読者にうったえる様相に発展したわけである。

それだけでなく、ごく最近になって、これら三氏の中に新しい論客が加わってきた。そして、本能寺の変の真相究明の論争は、ますます活気を呈してきたのである。

二〇〇四年には、越前《えちぜん》一向一揆《いっこういっき》中心に数々の論考を発表してきた小泉義博氏が、「教如の諸国秘回と本能寺の変」（『本願寺教如の研究』第一部第二章、法蔵館）で本願寺教如が変の首謀者という新説を説く。二〇〇五年には、在野の研究家である円堂晃《えんどうあきら》氏の『本能寺の変本当の謎　叛逆者は二人いた』（並木書房）、小林正信氏の『織田・徳川同盟と王権―

明智光秀の乱をめぐって―』（岩田書院）が出された。どちらも、これまでになかったユニークな説を展開している。

二〇〇六年が明けて、鈴木眞哉《まさや》氏と藤本正行氏が共著で『信長は謀略で殺されたのか―本能寺の変・謀略説を嗤う―』（洋泉社）を発刊した。両氏は、これまでにも桶狭間《おけはざま》の戦い・長篠《ながしの》の戦い等の研究で定説を覆してきた実績を持っている。そうした実績を踏まえて、ここでも厳正な再検証が展開されている。両氏の批判は、藤田氏の「足利義昭関与（黒幕）説」、立花氏の「イエズス会を中心とした南欧勢力関与説」双方に向けられ、両説が掲げている論拠を一つ一つ否定している。

さらに同年、織豊期の城郭《じょうかく》および城下町の研究で顕著な実績をあげてきた小島道裕《みちひろ》氏も、本能寺の変に触れる著書を出した。『信長とは何か』（講談社）である。ここで小島氏は、信長の統一戦争への疑問を述べ、光秀の謀反との関連について考えている。

このように活況を呈してきた現在の趨勢について、ニュアンスなどを無視して総括的にまとめると、次のようになる。

一、朝廷関与（黒幕）説――立花京子（ただし、中心になっているのはイエズス会）

二、足利義昭関与（黒幕）説――藤田達生

三、本願寺教如首謀者説——小泉義博

四、イエズス会を中心とする南欧勢力関与説——立花京子

五、光秀単独謀反説——桐野作人・堀新・藤本正行・鈴木眞哉・円堂晃・小島道裕

六、その他——小林正信

関与・黒幕説の再検証

朝廷関与（黒幕）説の再検証

朝廷との関係についての七つの論点

「朝廷関与（黒幕）説」については当然ながら、果たして織田信長と朝廷との間にそれほどの緊迫関係が存在したのか、ということが基本的な論題になるであろう。「朝廷」というよりも、その代表者である正親町《おおぎまち》天皇と信長との関係についての研究は、織田政権の性格づけにまで関わる大きな問題に発展する。それだけに、一九七〇年代より学界において活発な論議が展開されてきた。それらの論議は、初めのうちは直接には本能寺の変と関係しないところで行われてきた。しかし、変をめぐる論争が盛んになると、今度は変の真相究明という課題にからんで、信長と天皇との関係を考える傾向が現われ、再び活発な論争が行われるようになった。それらの論争は、整理してみると次の七つのテーマをめぐってなされている。

一、正親町天皇は譲位を望んでいたのか、それとも信長が無理に退位させようとしていたのか。

二、信長が天皇に立てようとした（正親町天皇が位を譲ろうとした）誠仁《さねひと》親王は、果たして信長に従順だったのだろうか。

三、信長が右大臣・右大将を辞官したのは、どのような意図に基づくものなのだろうか。

四、馬揃《うまぞろ》えは、果たして正親町天皇に対して信長が圧力をかけようとした催しだったのだろうか。

五、馬揃え直後の左大臣推任は、天皇を含む朝廷の意思だったのか、それとも信長のほうから要求したものだったのか。

六、三職推任《さんしきすいにん》も、朝廷の意思によるものなのか、それとも信長の

図８　正親町天皇（泉涌寺蔵）

ほうから要求したものなのか。

七、信長最晩年の自己神格化は、果たして信じられることなのか、信じられるとしたら、信長にどんな意図があってのことなのか。

これらのテーマに関しては、一つ一つのテーマをめぐる詳細な考証が、独立した論文としていくつも発表されている。また、織田政権論といった大きなテーマの文献の中で必然的に触れられていることも多い。まずこれら七つのテーマをめぐる論述のうち、現在に影響を及ぼしている文献を研究者別に紹介しよう。便宜を図る上から、これまでの記述の中で取り上げたものも再掲しておく。

朝尾直弘

①「『将軍権力』の創出」『歴史評論』二四一、二六六、二九三（一九七〇、七二、七四年）。後に『将軍権力の創出』岩波書店（一九九四年）に再録

②『天下一統』（大系日本の歴史8）小学館（一九八八年）

奥野高廣

・「織田政権の基本路線」『国史学』一〇〇（一九七六年）

脇田　修

①『近世封建制成立史論―織豊政権の分析Ⅱ―』東京大学出版会（一九七七年）
②『織田信長　中世最後の覇者』中央公論社（一九八七年）
藤木久志
・「織田信長の政治的地位について」『戦国時代』吉川弘文館（一九七八年）
三鬼清一郎
①「織田政権の権力構造」『幕藩制国家の成立』有斐閣（一九八一年）。後に『織田政権の研究』吉川弘文館（一九八五年）に再録
②『鉄砲とその時代』教育社（一九八一年）
橋本政宣
①「織田信長と朝廷」『日本歴史』四〇五（一九八二年）。後に『織田政権の研究』吉川弘文館（一九八五年）に再録
②「贈太政大臣織田信長の葬儀と勅諚」『書状研究』一四（二〇〇〇年）
秋田弘毅
①『織田信長と安土城』創元社（一九九〇年）
②『神になった織田信長』小学館（一九九二年）

立花京子
①「信長への三職推任について」『歴史評論』四九七（一九九一年）
②「信長の左大臣推任について」『日本歴史』五三八（一九九三年）
③「本能寺の変と朝廷―『天正十年夏記』の再検討に関して―」『古文書研究』三九（一九九四年）。
以上三論文、いずれも『信長権力と朝廷』（岩田書院、二〇〇〇年）に加筆再録。
④『信長と十字架―「天下布武」の真実を追う―』集英社（二〇〇四年）
今谷　明
①『信長と天皇―中世的権威に挑む覇王―』講談社（一九九二年）
②『天皇と天下人』新人物往来社（一九九三年）
池　享《すすむ》
・「織豊政権と天皇」『講座・前近代の天皇』2、青木書店（一九九三年）
堀　新
①「織田権力と朝廷―信長の官位を中心に―」『戦国史研究』三〇（一九九五年）
②「織田信長と三職推任―『太政大臣か関白か将軍か』の再検討―」『戦国史研究』三四

（一九九七年）
③「織田権力論の再検討―京都馬揃・三職推任を中心に―」『共立女子大学文芸学部紀要』四四（一九九八年）
④「織田信長と武家官位」『共立女子大学文芸学部紀要』四五（一九九九年）
松下　浩
①「織田信長の神格化をめぐって」『滋賀県安土城郭調査研究所研究紀要』四（一九九六年）
②「徳富蘇峰の織田信長観―特に信長の神格化をめぐって―」『滋賀県安土城郭調査研究所研究紀要』五（一九九七年）
藤田達生
①「織田政権から豊臣政権へ―本能寺の変の歴史的背景―」『年報中世史研究』二一（一九九六年）
②『本能寺の変の群像』雄山閣（二〇〇一年）
③「明智光秀の政権構想」『是非に及ばず―本能寺の変を考える―』滋賀県安土城考古博物館（二〇〇一年）

桐野作人
①『真説 本能寺』学習研究社（二〇〇一年）
②「信長への三職推任・贈官位の再検討」『歴史評論』六六五（二〇〇五年）
谷口克広
・『織田信長合戦全録』中央公論新社（二〇〇二年）
石毛　忠
・「織田信長の自己神格化―織田政権の思想的課題―」『伝統と革新』ぺりかん社（二〇〇四年）
山本博文
・「統一政権の登場と江戸幕府の成立」『日本史講座5　近世の形成』東京大学出版会（二〇〇四年）
小島道裕
・『信長とは何か』講談社（二〇〇六年）
テーマ別にこれらの研究成果を紹介しながら、私見も交えていこうと思う。紙面の都合でせっかくの細かい検証の過程を省略せざるを得ないため、それぞれの研究家の見解の二ユアンスの違いを無視して大ざっぱにまとめることになるが、ご承知願いたい。

正親町天皇の譲位問題

将軍足利義昭《よしあき》を追放した五ヵ月後の天正《てんしょう》元年（一五七三）十二月、信長は正親町天皇に譲位を申し入れた。それに対して天皇は、「朝家《ちょうか》再興のいたり候」と喜んでその申し入れを受け入れた（『孝親公記《たかちかこうき》』『正親町天皇宸筆御《しんぴつみ》消息案《しょうそくあん》』）。

天皇が譲位して上皇《じょうこう》位に就くのは、平安時代以来の慣例であった。しかし、十五世紀後半の後花園《ごはなぞの》上皇以後百年間余りもその慣例は絶えている。いわゆる皇室式微のため、譲位、院御所造営等にかかる費用がままならなくなったからである。

正親町天皇はこの年五十七歳、すでに老境に入っており、皇太子誠仁親王は二十二歳の成人である。幼年天皇が普通だった平安・鎌倉時代に照らすと、むしろ機は熟しすぎているといってよい。そうした中で、経済的にバックアップしてくれている信長の出現は、まさに「朝家再興」の機会であったはずである。

この天正元年の申し入れの時は、年が押し迫っているからという理由で譲位は延期になった。そしてその後、信長の死に至るまで正親町天皇の譲位は実現しなかったのである。

この事実に対して、研究家の見解は真っ二つに分かれている。

そのうちの一方は、信長と正親町天皇との間に対立関係が生じ、信長の何度にもわたる譲位申し入れを正親町天皇が拒否し続けたという説である。この説を唱えている研究家は、先に紹介した中の次の方々である。

朝尾・奥野・藤木・今谷・秋田・藤田

このうちの朝尾氏は、信長が誠仁親王の即位と義昭の子義尋《よしひろ》の将軍宣下《せんげ》を合わせ行って、両者とも抱え込んだ実権者の地位を望んだ、それを見越した天皇が譲位を拒否した、という説であり、藤田氏もそれに同調している（朝尾②、藤田②）。また、奥野氏は、譲位と同時に信長が将軍就任を意図していると察した天皇が、平姓将軍を拒否するため譲位を延期し続けたという見解である。藤木氏も、譲位と信長任官が切り離せない、ということだけは認めている。

信長の対抗者として、正親町天皇の個性を強調したのが今谷氏である。今谷氏は、信長の政権構想の前に越えられない壁として立ちふさがる存在としての正親町天皇を描いた。今谷氏の論旨は、天皇と信長二人の関係は初めは良好だったが、天正四、五年頃から意思の疎通を欠くようになり、その後、対立状態になってしまった。そして信長は結局、天皇に翻弄されたまま終わった、というものである。

もう一方は、天皇は譲位を望んでいたが、信長の事情で実現しなかった、という説である。この説の背後には、信長と正親町天皇との間は、時には多少の軋轢《あつれき》こそ見られるが、基本的には融和関係にあった、という見方がある。この説を唱えている研究家は次の方々である。

脇田・橋本・堀・桐野

橋本氏は、院御所造営の遅滞が譲位延引の原因であり、朝廷では礼服の風干しなど、天正四年に至るまで譲位の準備をしていたことを、『御湯殿《おゆどの》の上《うえ》の日記』によって具体的に述べている（橋本①）。桐野氏は、朝廷と信長との交渉を一次史料によって表記した上で、上洛以来の十四年間、ずっと両者の関係は良好であったと論じている（桐野①）。堀氏も同様、一貫して両者は融和関係にあったという見方をとる。

私見を述べると、朝尾氏・今谷氏の説は飛躍があり、奥野氏の説は史料的根拠に乏しいきらいがあると思う。一次史料を曲解せず素直に辿る限り、両者の協調・融和を示す記事こそあれ、対立というべき緊張した事態がのぞかれる記事は見当たらない。そのような様子を踏まえると、天皇のほうが譲位を望んでいた、と見るほうが自然に感じられる。

次に信長と誠仁親王との関係について見てみよう。

信長は、京都に営んだ二条邸を、天正七年十一月に誠仁親王に献上する。以後、そこは「二条御所」、あるいは天皇の「上御所《かみのごしょ》」に対して「下御所《しものごしょ》」と呼ばれるようになる。もう成人に達している親王は、老齢の天皇に代わって諸公事を執り行うことが多く、「主上」「今上皇帝」などと呼ばれることもあった（『蓮成院記録《れんじょういんきろく》』）。

従来の研究の範囲では、信長と誠仁親王との仲を疑う研究家はおらず、親王は最後まで信長に従順であったと考えられていた。信長の天皇譲位強要説を採る者も、信長が従順な親王を少しでも早く天皇に立てることを望んでいた、としているのである。そうした傾向に一石を投じたのが立花氏であった。

立花氏は、親王が信長の天皇体制侵食の激化を感じ取り、次第に信長の意図に逆らうようになった、と論じている。信長が譲位をなかなか取り計らわなかったのも、親王のそうした姿勢が原因だったという。そして、最後に親王は、信長打倒の謀議に加わったとしているのである（立花③）。

立花氏は、三職推任の際の、信長を「いか様の官」にも就けようという親王の消息（『畠山記念館所蔵文書』）にしても、信長側に強要されて実質が伴わないことを承知でしたためたもの、と解釈しているが、考え過ぎではなかろうか。このように疑えば切りがない。

たとえ一次史料であっても、まったく信用できなくなってしまうだろう。

馬揃え

さて、信長と天皇が対立関係にあったと唱える研究家たちは、天正九年二月二十八日、三月五日に京都で催された馬揃えをも、信長の天皇に対する圧力だったと説いている。この説を採る研究家は次の通りである。

朝尾・藤木・今谷・立花

朝尾氏・今谷氏は、示威行動で天皇の退位を迫った、との解釈である。立花氏は左大臣推任のための圧力との見解だが、その中で、天皇の要望した「左義長《さぎちょう》」を、信長が意図的に「馬揃え」にすり替えたとしている（立花②）。

こうした見方に対し、信長の意図は天皇への圧力などではない、とする見解を採る研究家は次の方々である。

脇田・奥野・橋本・堀

橋本氏は、織田軍団の士気の高揚をはかり、織田政権の畿内近国制覇を天下に誇示しようとしたもの、との見解である（橋本①）。奥野氏も、権威高揚のため、と述べている。

堀氏の見方はやや異なる。

前年暮に、誠仁親王の生母新大典侍《おおすけ》が急死した。そのために沈滞した朝廷の雰囲気を払うために、朝廷のほうから信長に頼んだ催しである、という見解なのである（堀③）。

まず、果たして天皇に対する圧力が目的だったのだろうか、という問題である。筆者の素朴な意見から言おう。もともと武力とは関係ないところで超えがたい権威を纏っている天皇に対して、武力による示威行動などをしても意味をなさないのではないだろうか。上洛以来十三年、信長はそうした天皇の権威を十分に知っていたはずである。比叡山《ひえいざん》との和《わ》睦《ぼく》、本願寺《ほんがんじ》との和議、蘭奢待《らんじゃたいき》截り取《と》りにしても天皇の権威があるゆえ成された事であって、その天皇の権威というものが、武力とは異なる次元にあるということを十分に感じ取っていたであろう。

また、左義長を馬揃えにすり替えたという見方も当たらない。だいたい本来の形のままの「左義長」を、一ヵ月以上もはずれた時期に天皇が望むはずはないであろう。天皇が見たがったのは、安土《あづち》での「左義長」の後半部分、すなわちダイナミックに馬を行進させるところだったはずである。「すり替え」などというのは、はじめから信長の悪意を前提とした考え方にほかならない。

さて、堀氏の説についてだが、これにも難点がある。それは、信長が明智光秀に招集を命じた朱印状《しゅいんじょう》の日付が（一月二十三日、『士林証文』）天皇が臨席を望んだ日（一月二十四日、

『御湯殿の上の日記』）より一日早いということ、さらに信長朱印状に一言も勅命について触れていないということである。やはりこの馬揃えは、信長側が主体となって企画した催しであろう。副次的には堀氏の述べている意図もあったかもしれないが、朱印状の文面や前後の様子からとらえると、橋本氏の説が最も妥当のようである。

信長の右大臣・右大将辞任

信長は、天正三年十一月に従三位権大納言兼右近衛大将に叙任される。朝廷の高官録である『公卿補任《くぎょうぶにん》』などによれば、その前年三月に参議に任じられているが、これは橋本氏が述べている通り、権大納言任官の際、次第の昇進を装うために作為したものと思われる（橋本①）。以後信長は、同四年十二月正三位内大臣、引き続き右大将兼務、同五年十一月従二位右大臣、やはり右大将兼務、同六年一月正二位と、とんとん拍子に官位を昇進させる。

ところが同六年四月九日、突然信長は、右大臣と右近衛大将の官を辞してしまうのである（『公卿補任』『兼見卿記《かねみきょうき》』）。この突発的な辞官の陰には、信長のどのような意図があったのか。このテーマに関しても、研究家の見方は様々に分かれている。

まず、朝廷から離れたところで独自の権力機構を打ち立てようとした、という説である。この説を採る研究家は朝尾氏・秋田氏だが、両氏は次のように唱えている。

・伝統的な官位制度の外に立ち、朝廷の枠組みから解放されようとした（朝尾）。
・天皇を自分の権力機構に組み込もうとするための行動である（秋田）。
これに対して、決して朝廷離れではない、という説を唱えるのは、脇田氏・橋本氏・堀氏である。
・繁雑な宮廷儀礼からの解放を望んだのだろうが、決して朝廷離れではない。後に太政大臣になるつもりだったと思われる（脇田①）。
・正二位は返上していないから、今後の還任は否定していない。後に太政大臣に就任するつもりだった（橋本）。
・正二位はそのままであり、決して朝廷離れではない。嫡男信忠《のぶただ》を代わりに任官させることを望んでいた（堀③④）。

筆者の見解を一口で述べると、この時の辞官についてさほど大袈裟に考える必要はないのではないか、ということである。権大納言兼右近衛大将任官に関しては、追放した将軍足利義昭への対抗という意味があったであろう。だからこそ陣宣下、しかも「本式」の陣《じん》座《ざ》を作るという本格的な形式で任官した（『兼見卿記』）。だが、その後の叙任は、特に信長が望んだものではない。信長はもう律令《りつりょうせい》制の官にはこだわらなかったのではなかろうか。

権大納言兼右近衛大将に任官した後の信長にとって、官位の利用価値は、嫡男信忠に権威をまとわせることだけである。そうした意味から、諸説の中で筆者が最も同意できるものは堀氏の説である。

朝尾氏・秋田氏の説は、天皇まで包み込む地位を想定したとして神格化に結び付けようとしているのだが、神格化については、後に述べる通り、疑問を感じざるをえない。

左大臣推任

さて、右大臣兼右近衛大将を辞任した信長は、その後、最期をとげるまで再任官していない。前右大臣、一般には「前右府《さきのうふ》」と呼ばれるが、正二位の位階はそのままなので、『公卿補任』には「散位」のリスト中に登場している。

辞任後の四年間余りの間に、任官問題が二度あった。一度目は天正九年三月の左大臣推任、二度目は同十年五月の三職推任である。どちらのケースも、推任主体が朝廷なのか、信長が要求したのか、という問題を含んでいる。

左大臣推任は、馬揃えが終了した直後の三月九日のことである。この日、朝廷は勅使《ちょくし》を信長のもとに遣わし、左大臣に推任する旨を伝えた。それに対して信長は、譲位が行われた後にお請けしましょうと答え、結局左大臣任官は流れてしまったのである。

ふつうに考えると、推任の主体は朝廷である。従来は何の疑問もなく、馬揃えのすばらしさに朝廷が左大臣任官という形で応えようとした、と解釈されてきた。ところが、立花氏が信長が朝廷に圧力をかけて推任させた、という論を唱えてから、これも信長と朝廷の関係をめぐるテーマとして加わったのである（立花②）。

立花氏の主張は、二年前に唱えた三職推任をめぐる論（立花①）に連動したものである。つまりどちらの推任も、信長は推任という事実だけが欲しかった、という主旨である。そして、左大臣推任の勅使派遣が八日も遅れたのは誠仁親王の反対のため、としている。

立花氏の論は、一次史料を丹念に検討して構築されたものだが、親王の反対という解釈など飛躍している箇所も見られる。後に述べるように、三職推任の主体が信長側という説には賛同している者も多数いるのだが、左大臣推任主体のテーマについては、今のところ立花氏に賛意を表している研究家はいない。

立花氏を除いた方々は、みな推任主体を朝廷としているが、推任の理由については一致していない。

まず信長・天皇対立説に立つ藤木氏は、馬揃えによる圧力に屈して天皇が推任を決めたとしている。一方、融和説の橋本氏は、天皇が譲位の準備を促す意図をもって推任したものと主張している（橋本①）。

また、結局信長の左大臣就任が実現しなかった理由についても、見方が分かれる。対立説に立つ奥野氏・今谷氏は、信長側が天皇の譲位と引き替えという条件を持ち出したため、としているのに対し、融和説の脇田氏は、信長が近々に予定されている譲位の時に褒賞として左大臣の官を受けると返事したのである、と述べている（脇田①）。根拠は同じ『御湯殿の上の日記』の記事なのだが、対立説と融和説という立場の違いから解釈が異なっているのである。筆者は融和説に立つだけに、脇田氏と同意見である。

三職推任

さて、翌年五月の三職推任も、立花氏の唱えた異論をきっかけに論争が起こっている。その論争の争点は、勧修寺晴豊《かじゅうじはれとよ》の日記である『日々記《にちにちき》』の記事の解釈である。では、争点になっている記事を引用してみよう。ここでは、読み下しにはせず、原文通りに記しておく。

（四月）廿五日　天晴　村井所へ参候　安土へ女はうしゆ御くたし候て　太政大臣か関白か将軍か　御すいにん候て可然候よし被申候　その由申入候

つまり村井邸で、晴豊と村井貞勝《さだかつ》との間に信長を太政大臣か関白か征夷大将軍に推任するという話が出たのである。

その後、村井も交えて相談した結果、上臈局《じょうろうのつぼね》と大乳人が勅使となり、それに晴豊が付き添って安土に下ることに決定する。一行は五月三日に京都を出発、翌日安土城に到着する。

安土城に到着した勅使は、天皇と親王からの御書と進物《しんもつ》を渡す。この時に渡された親王の消息は、畠山記念館所蔵の次の文書とされている。

　天下弥《いよいよ》静謐《せいひつ》に申付られ候　奇特　日を経てハ猶《なお》際限なき　朝家の御満足　古今無比類事候へハ　いか様の官にも任せられ無油断馳走申され候ハん事肝要候　余りにめてたさのまま御乳をもさしくたし候　此一包見参に入候

その後、

　のふなかより御らんと申候こしやうもちて　いかやうの御使のよし候　関東打はたされ弥重候間　将軍ニなさるへきよしと申候へハ　又御らんもつて御書ある也　長庵御使にて　上らう御局へ御目かかり可申ふんなから　御返事申入候ハて御目かかり申候儀　いかかにて御座候間　余に心え可申候由　いかやうにも　御けさんあるへく候由申候へハ　かさねて又御両御所へ御返事被出候

勅使や晴豊のところに小姓の森乱（蘭丸《らんまる》）がやってきて、何のための勅使なのか、と聞訳してみよう。

いた。晴豊は、関東を討ち果たしてめでたいので、将軍に推任するための使である、と答えた。すると、また乱丸をもって信長から書がきた。長諳《ちょうあん》（信長の右筆《ゆうひつ》・楠木長諳）が使として来て言うには、お目にかかるべきなのだが、返事をしないのにお目にかかるのはどうか、晴豊にそれを察してほしいという。晴豊は、いずれにしても一度会ってほしいと申し入れた。すると、重ねてまた天皇・親王宛てに返事を出してきた。

結局信長は翌々日勅使に面会するが、すぐに舟を調達して、夕方には勅使と晴豊を京都に送り返してしまうのである。

この『日々記』の解釈をめぐる論争の焦点は、主に二点をめぐってなされている。一点目は、四月二十五日条の「被申候」について、だれが言ったという意味なのか、という問題である。

岩沢愿彦氏がこの史料を紹介して以来、これは記主の晴豊が天皇・親王の代弁者として言ったものと解釈されてきた。ところが、一九九一年になって立花氏が「被」の助動詞の存在を取り上げ、村井が三職推任を言い出したもの、村井が勝手にそんな大事を提案できないはずだから、これは信長の意思を受けて言ったのである、という新説を発表したのである（立花①）。

それではなぜ信長は、働きかけるだけで、せっかくの推任を請けなかったのか。それについて立花氏は言う。信長は毛利氏たちとの戦いのために朝廷からの推任だけが必要だった、だから勅使を受けたことで満足し、回答をしなかったのである、と。立花氏は、後に発表された左大臣推任に関する論文（立花②）でも同様に、信長は推任だけを目的として朝廷に働きかけたとしているのである。

「被」の字をめぐる立花氏の解釈は、学界にセンセーションを巻き起こし、一時は定説化される勢いだった。今谷氏・小島氏もその解釈に賛意を示している。

しかし、その後、堀氏などから晴豊の書き癖として「被」を厳密に使ってはいないという指摘があり、必ずしも定説とはなっていない（堀③）。また、たとえ村井が推任を提案したとしても、信長は関知しておらず、村井の「勇《いさ》み足」だったのではないか、という見方も出ている（熱田公『日本の歴史11　天下一統』集英社、一九九二年）。

さらに堀氏は、この時の推任が信長の意思と無関係だったからこそ、関白・太政大臣・将軍のいずれかなどという「玉虫色の人事」になったのであるとしている（堀①②③）。

筆者も村井の「勇み足」説に賛成である。左大臣推任に関しても言えることだが、推任だけさせて後はうやむやにする、という信長の意図が理解できない。特に『日々記』五月四日条に描かれている信長は、わざわざやってきた勅使の要件さえわからない、という態度である。そんな芝居をする必要などどこにあるのだろうか。そう考えると、なぜ「玉虫色の人事」になってしまったかについても理解できよう。

二点目は、安土城に勅使を迎えた信長が、態度を保留したのか、はっきりと断ったのか、ということである。推任だけで用済みという立花氏は別として、これまでは次の解釈がほぼ定説となっていた。

> 信長は勅使と会っただけで返事を保留しており、次の上洛の時にはっきりと答える予定だった。ところが本能寺の変が起こって信長の答は永遠に謎となってしまった。

しかし、堀氏は『日々記』五月四日条を次のように解釈している。

> 「かさねて又御両御所へ御返事被出候」とあるのは、二度目の返書がなされた、それには三職推任への回答があったはずである、この後の朝廷の動きから察すると、その回答はNOだったはずである（堀③）。

この時に信長から回答があったという説には疑問を感じるが、少なくともすぐに官職を請けることを拒否したことはまちがいなかろう。それでなければ、三職のうちのどれかを空席にするとか、信長の上洛に応じて朝廷が動くとか、何らかの対応がなされたはずであろう。

自己神格化

イエズス会宣教師ルイス・フロイスの手に成る書簡、それらをもとに編集し直した『日本史』に、次のような記事が載せられている。

信長は天正十年の自分の誕生日（五月十一日頃）、己を生き神とする祭典を大々的に催し、武士のみならず庶民の参詣を強要した。その祭典に諸国から信じられないほど大勢の者が集まった。

果たしてそんな祭典が実際にあったのか、あったとしたら、信長はどのような意図に基づいてそれを行ったのか。このテーマをめぐっても、様々な説がなされている。

まずフロイスの記述をそのまま肯定し、信長の自己神格化が成されたとする説である。同じ肯定論でも信長の意図に関する見解がそれぞれ異なり、それだけに「神格化」の意味に微妙な違いが見られるが、いちおう肯定の立場の研究家をあげると次の通りである。

朝尾・奥野・今谷・秋田・藤田・小島

秋田氏は、信長の政治的意図と述べるにとどまっているが、全面的肯定の立場をとっている。奥野氏は、後に秀吉が行った大陸出兵を視点に置いた戦略との解釈であり、藤田氏も同様の見解を示している。朝尾氏は、幕藩体制国家権力の中枢である「将軍権力」に結び付けての解釈である。今谷氏は、正親町天皇の権威に対抗するための手段の一つと見ている。

それに対して、フロイスの書いた史料そのものに疑問を呈し、神格化を否定している研究家も多い。次の方々である。

脇田・三鬼・橋本・松下

脇田氏・三鬼氏は、信長に宗教的粉飾の必要性があったことは認めながらも、自己神格化などありえない、としている。三鬼氏・松下氏はその上で、伊勢《いせ》神宮・石清水八幡宮《いわしみずはちまんぐう》・善光寺《ぜんこうじ》などに対する信長の好意的な姿勢といった状況証拠を並べ、信長は最後まで仏神崇拝は捨てていなかったと述べて、神格化否定の根拠にしている。

さらに松下氏は、神格化の裏付けとされている、記録における尭照法印《ぎょうしょうほういん》の抹殺という推測、『信長公記』『日本史』に載った「盆山」という石を神体とする見解に反論し、フロイスの記述そのものの信憑性を疑うべきである、との論を展開している（松下①）。

筆者の見解は、松下説におおむね賛成である。フロイスの書簡では、参詣すれば八十歳の長寿を得るとか、病気が治るとか、富栄えるとか、迷信的な信仰を強要したことになっている。為政者としての信長の姿勢に照らした時、あまりの不整合さを覚えずにはいられない。

日本人の記録には、このイベントについての記載がまったくないこと、フロイスは当時九州口ノ津《くちのつ》に滞在しており、直接の見聞を記したわけではないこと、そして何よりも、この書簡は信長の死後に書かれたものであり、フロイスには非業《ひごう》の死を遂げた権力者に対してデウスへの反逆者の烙印《らくいん》を押す癖があること。以上のことから筆者は、この記事をそのまま信じることは危険である、と結論したい。

朝廷の関与をめぐって

信長と朝廷との関係についての論争を、いくつかのテーマに分けて個別に紹介してみた。例えば馬揃えをとってみても、融和説に立つ者は軍団の士気の高揚を説くのに対し、対立説の者は天皇への圧力ととらえている。また、自己神格化を肯定する者は、たいてい対立説に立つ研究家である。総括的に信長と朝廷との間を融和関係と見る者、対立関係と見る者、それぞれの研究家を分けてみると、次のようになるであろう。

融和説
　脇田修・三鬼清一郎・橋本政宣・堀新・桐野作人・谷口克広・山本博文

対立説

奥野高廣・朝尾直弘・藤木久志・今谷明・秋田弘毅・立花京子・池享・藤田達生約半数の研究家が対立説を採っているのだが、対立説が即、本能寺の変に朝廷が関与していたという説に結び付くわけではない。対立説としてここにあげた研究家の中で、変への朝廷の関与を説いている者は立花氏ただ一人である。対立というのが変への関与の不可欠な条件ではあるけれど、その間には大きな段差が存在することは言うまでもない。

例えば今谷氏・藤田氏は、はっきりと朝廷の変への関与を否定している。他の研究家も、変は朝廷にとって僥倖《ぎようこう》であった、と述べこそすれ、関与を肯定してはいない。

今谷氏が関与を否定する根拠としてあげているのは、一つは、安土で吉田兼見《かねみ》と会見した光秀が「謀叛之存分」について語ったと『兼見卿記』に記されていること、もう一つは、密勅が出された形跡がないこと、である（今谷②）。たしかに、朝廷が関与していたなら、兼見が「謀叛」などと書くはずはない。また、光秀も堂々と勅命を唱いあげたはずである。

藤田氏は否定の根拠として、誠仁親王が危険な二条御所を動かなかったことをあげている（藤田①）。素朴な疑問ではあるが、まさにその通りである。何かの理由をつけて、父正親町天皇のいる禁裏《きんり》に家族ごと移っていることは可能だったはずである。危うく変に巻き込まれそうになった親王の行動を顧みるだけで、彼が変と無関係だったことがわかるのではなかろうか。

立花氏の展開している朝廷関与（黒幕）説は、実に詳細な論証に基づいている反面、思い込みに陥っているきらいがある。その思い込みが、時には論理の飛躍を見たり、信憑性の低い史料を無理に裏付けのために用いたりしている。

前者の例としては、「左義長」を「馬揃え」にすり替えて行ったとか、『日々記』中の「（斎藤利三は）信長打談合衆也」という文言をもって、記主勧修寺晴豊の陰謀荷担の証拠としていることなどである。『兼見卿記』にある変直前の何日かの空白を取り上げて、吉田兼見に疑惑の目を向けていることも飛躍といえよう（立花③ほか）。

後者の例としては、近衛前久《さきひさ》の信長に対する恨みとして、甲州陣で信長から受けた恥辱をあげていることである。これは、『甲陽軍鑑《こうようぐんかん》』にある記事で、東海道を同道しようとした前久に対し、「近衛、お前などは木曽路を行け」との暴言を吐いたというものである（立花③）。史料の性質からいって、裏付けに使える材料ではない。

前久は山崎《やまざき》の戦いの後、密かに嵯峨《さが》に身を隠す。さらに信孝《のぶたか》の追及を避けて家康のもとまで逃れる。たしかに立花氏があげている陰謀荷担者の中では、最も嫌疑が濃い人物にちがいない。しかし、何といっても前久は、信長から最大の恩恵を受けている公家なのである。明智軍が二条御所を攻撃する時、前久の屋敷を利用した。前久にとって不可抗力というべき事態だったのだが、それが信孝の疑いを招くことになったのだろう。

一歩下がって考えてほしい。前関白・太政大臣とはいえ、近衛前久には朝廷を思いのままに動かすほどの力はない。そうした彼をバックにして、光秀にどれほどのメリットがあるだろうか。彼が仲介して天皇の綸旨《りんじ》ないし親王の令旨《りょうじ》を得ることによって、はじめて同盟する意味が生じるわけである。

以上、立花説への反論を中心として、朝廷関与・黒幕説の成り立たないことを論じた。一口で言うと、朝廷関与（黒幕）説は、先入観に導かれて史料を曲解するところから生まれた説といえるだろう。

足利義昭関与（黒幕）説の再検証

先に紹介した通り藤田達生氏は、機会あるごとに自説の足利義昭《あしかがよしあき》関与（黒幕）説を補強していった。一つにまとまった最新のものは、講談社新書として出された『謎とき本能寺の変』（二〇〇三年）である。この文献は、一般向けに自説を分かりやすく説いたもので、義昭の開いた鞆《とも》幕府の実態、謀反を決意した光秀の事前工作にまで言及している。いわば藤田説の集大成といえるものなので、この文献に沿って反論を進めたい。

関与を暗示する史料の再検証

藤田氏の論の骨子は、足利義昭が光秀に指令を送って変を起こさせた、ということだが、同時に、光秀の謀反は決して突発的ではなく、事前に計画されていたものである、とも主張している。藤田氏は、当時義昭の拠って立っていた「鞆幕府」が無視できない勢力を持っていた、との考えを強く持っており、幕府の実態に関してこの本で多くのスペースを割いている。だが、このあたりは、本能寺の変に関しては副次的な研究であり、変の真相究明のためにはせいぜい状況証拠にすぎない。義昭の関わりについて具体的に書かれているのは、次にあげる検証である。

①計画の段階で光秀は、織田の敵対者である長宗我部元親《ちようそかべもとちか》・上杉景勝《かげかつ》・本願寺教如《ほんがんじきようによ》・雑賀衆《さいかしゆう》に連絡する一方、織田の家臣である筒井順慶《つついじゆんけい》をはじめ近江《おうみ》の阿閉貞征《あつじさだゆき》・京極高次《きようごくたかつぐ》、若狭《わかさ》の武田元明《たけだもとあき》、摂津《せつつ》・淡路《あわじ》などの国衆《くにしゆう》、さらに公家《くげ》の近衛前久《さきひさ》・吉田兼和にも協力を頼んでいた。

②『惟任謀反記《これとうむほんき》』にある「公儀」の語、『本法寺文書《ほんぽうじ》』の「信長討ち果たす上は」の文言、『森文書』の「受衆」の語は、光秀の背後に義昭がいたことを示している。

これら二点の検証については、どちらにもたくさんの疑問が含まれている。まず①についての反論から始めよう。

長宗我部と連絡をとっていた、とする根拠は、『宇野主水日記《うのもんど》』の記事である。「四日」と日付を入れた後にいくつかの記事を記し、その中に次のように書かれている。

土州ノ長宗我部宮内少輔《くないしょうゆう》(元親)ヨリ書状をもって申し入れ訖《おわんぬ》

鷺森《さぎもり》本願寺にいる顕如《けんにょ》に元親が書状を遣わした、という記事である。そこから藤田氏は、事前に光秀から連絡がなければ四日の鷺森への使者到着は不可能である、と述べているのである。

しかし、「日記」と銘打ってはいてもこの史料は、何日分かまとめて記しているところがあちこちにある。例えば、五日であるはずの津田信澄《つだのぶずみ》の死が「二日」の記事の中に記されたり、十三日の山崎《やまざき》の戦いと光秀の死が「十一日」条の続きに入れられている類《たぐ》いである。元親の書状が四日に届いた、と速断するのは早計である。しかも、この記事だけでは、「書状」に変のことが書かれていたかどうかさえわからないのである。

本願寺教如の荷担についても、藤田氏の提示する根拠には問題がある。藤田氏は、秀吉が後になって教如が変に荷担していたことを知り、文禄《ぶんろく》二年(一五九三)閏九月、叱責の条書を送って宗主の地位から追いやった、と述べている。しかし、その根拠としている条書の第二条には、次のようにあるばかりである。

信長様御一類にハ大敵にて候事　(『駒井日記』)

教如は大坂を出た後、勘当《かんどう》の身のため父のいる鷺森へも行けず、諸国を廻りながら反信長の動きを見せていた。単にそのことを指しているとも解釈できよう。

そもそも教如が法主の地位を逐《お》われたのは、直接には母の如春尼《にょしゅんに》が、教如を廃して准如《じゅんにょ》を立てることを秀吉に訴えたことが原因とされている。大坂開城の時の顕如《けんにょ》・教如父子の対立が尾を引いて、本願寺の家臣が分裂していたという（『本願寺史』二）。秀吉は十一ヵ条もの教如の不義を並べ立てており、決して「信長様御一類にハ大敵」というのが主原因ではない。伝聞ではあるが『言経卿記《ときつねきょうき》』文禄二年閏九月十四日条に、「本願寺（教如）淫乱勿躰《いいもったい》なきの儀」とあるのを見ると、秀吉は教如を宗主として人間的に不適格との烙印を押し、それを主な理由として隠居させようとしたように思われる。ほかの理由、というより言い掛かりに近いが、その一つとして「信長様御一類にハ大敵」の条を加えたにすぎないのではなかろうか。

なお、小泉義博氏の「本願寺教如首謀者説」も、藤田氏と同様、この『駒井日記』の記事を論拠の一つにしている。この説については、次節の中であらためて取り上げる。

上杉氏及び雑賀衆との連絡については、後に別個に検証することにしよう。次に織田家臣の関与について述べる。

筒井順慶について藤田氏は、二日朝に京都へ向かったのは偶然ではなかろう、光秀に合流して本能寺を襲う予定だったのだろう、と述べている。

しかし、この前後の順慶の動静については、『多聞院日記《たもんいん》』を見ればはっきりわかる。もし藤田氏の言う通り、順慶が光秀と一緒に本能寺を襲うつもりならば、彼は遅くとも前日の夜には郡山《こおりやま》城を出発しなくてはならない。『多聞院日記』のこの後の記事を見ると、順慶が悶々とした日々を過ごしていることがうかがわれ、とても事前に光秀と共謀していたなどという跡は見られない。彼は上洛した信長に挨拶に行こうとして二日の朝に郡山城を出発、途中で変を知って引き返した、ということが明白である。順慶にとっては、とんだぬれぎぬと言うべきだろう。

阿閉・京極・武田と事前に連絡をとっていた、という説にも賛成できない。信長・信忠《のぶただ》を討ち果たした直後に光秀は、近江・美濃《みの》・若狭といった近国の国衆たちを味方に誘った。それは、六月二日付けの美濃の西尾光教《みつのり》宛ての光秀発給の書状からも推測できる（『武家事紀』所収文書）。こうした書状はおそらく近国中に何十通も出されたものと思われる。尾張常滑《とこなめ》の水野守隆《もりたか》も光秀に応じているから、その対象は尾張にも及んでいたようである。変当日の夕方に坂本《さかもと》城に入り、勢多《せた》橋が修復するまでの間、光秀は近国に味方を募っていたことは、先に推測した通りである。阿閉たちが光秀方に付いたのは、変以後における光秀の勧誘の結果と考えるべきであろう。

公家である近衛前久と吉田兼和の関与については、藤田氏ばかりでなく朝廷関与説に立った立花氏やかつての桐野氏も言っていることである。だが、先に検証した通り、二人が陰謀に関与したと考えるには無理があると思う（一三九〜一四一頁参照）。

光秀と上杉氏との事前の連絡

藤田氏は、遅くとも五月上旬には、光秀から上杉景勝に謀反の予告があったとしているのだが、その根拠となる史料は『覚上公御書集《かくじょうこうごしょしゅう》』所収の六月三日付け、直江兼続《なおえかねつぐ》宛ての河隅《かわすみ》忠清発給文書である。また藤田氏は、その検証に付随して、魚津《うおづ》城陥落に先立って景勝と攻撃軍主将・柴田勝家《かついえ》との間に和議が結ばれ、景勝は松倉《まつくら》城と天神山《てんじんやま》城を撤退させて自らは信濃《しなの》に軍を進めた、と述べている。

だが、河隅発給文書の日付には大きな疑問があるし、景勝の動きについてもそのままには受け入れがたい。まず、魚津城攻防戦、松倉城撤退、信濃出陣など景勝及び上杉軍の動きを確認するほうから検証しよう。

柴田勝家を大将とする織田の北陸方面軍は、この年三月から魚津城を囲む。魚津城は、一三キロほど南東に位置する松倉城とともに上杉氏の最後の牙城である。北陸方面軍に属す

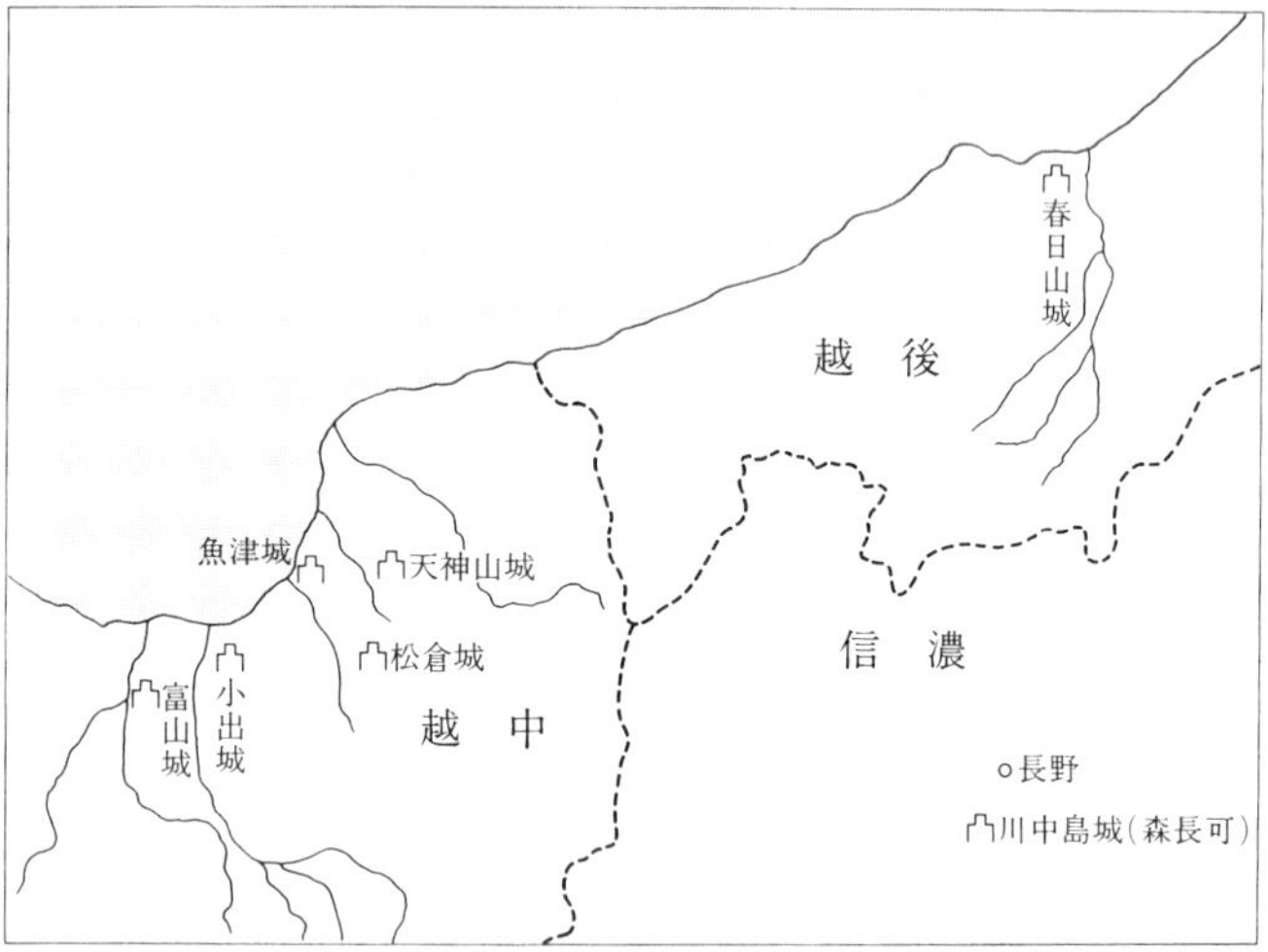

図9　魚津城・松倉城近辺図

る前田利家《としいえ》も佐々成政《さっさなりまさ》も、柴田とともに魚津の陣営にいるから、この攻撃は、松倉城を後回しにして魚津城に集中したのだろう。景勝は五月十五日、魚津の東方の天神山城まで後巻《うしろま》きに来たものの、国内での新発田《しばた》や五十公野《いじみの》の反抗や信濃からの織田軍の侵入が気掛かりで二十六日に軍を引いてしまう。『上杉家御年譜』によれば、春日山《かすがやま》城に戻ったという。

五月二十七日付け、前田安勝宛て前田利家書状によれば、前日の二十六日、松倉城で城兵の撤退があった（『前田育徳会所蔵文書』）。藤田氏はこれをもって、柴田ら魚津攻城軍との和議が成ったとしているのだが、そうではあるまい。景勝は、自分が春日山城に戻るにあたって、松倉城から天神山城に軍兵を移し、越中《えっちゅう》・越後《えちご》の国境近辺で織田軍を食い止めようとしたのであろう。春日山城までの通路から離れた位置にある松倉城を守っても意味はないと判断したからであり、作戦上の撤退である。和議が成ったのなら、なぜ魚津城がその時点で開城されず、結局六月三日に守兵の全員玉砕で陥落したのか理解に苦しむ。

次に河隅忠清発給文書に話を移そう。藤田氏は『覚上公御書集』から採って、『謎とき本能寺の変』に引用しているので、そこから必要な部分のみ次に載せておこう。

〈綱文〉

一、同年六月につく、直江兼続信州表御出陣（陣）により、河隅忠清書簡を呈して明智光秀越中表に申し送る由これを伺ふ也

〈書状〉

先日は御書下され候、（中略）一昨日、須田相模守《さがみのかみ》（満親《みつちか》）方より召仕の者罷《まか》り越し、才覚申す分は、明智の所より魚津訖（迄）使者指し越し、御当方無二の御馳走申し上ぐべき由申し来り候と承り候、実儀候はば、定めて須田方より直に使を上げ申さるべく候、（中略）この旨よろしく御披露に預かるべく候、恐惶謹言

六月三日　　　　　　　　　　河隅越中守

直江与六殿

つまり、六月三日の「一昨日」＝六月一日に、光秀の使者が魚津城に到着し、城にいた須田満親に馳走《ちそう》（この場合、味方として活動すること）を依頼した、と聞いた。本当ならば、直接須田から使者が行くと思うが、このことを（景勝に）披露してほしい、との文面である。たしかに、この書状が六月三日付けだとすると、光秀は事前に上杉氏に通じていたことになる。

この書状を収めているのは『覚上公御書集』ばかりではない。『歴代古案《れきだいこあん》』にも収められているし、『上杉景勝卿記』（伊佐早謙編）、『従三位権中納言上杉景勝卿記』という後世書かれた景勝伝記にも載せられている。そして、『覚上公御書集』こそ六月三日付け、直江与六（兼続）宛てになっているものの、他に収められたものはそれぞれ異なっている。

まず『歴代古案』収録のものは、日付・宛名ともにない。収められる時に、何らかの事情があって削除された様子である。『上杉景勝卿記』のものは、やはり宛名がなく、日付は六月四日になっている。

『従三位権中納言上杉景勝卿記』も宛名なしで、なんと日付は五月四日である。いったい正しい日付はどれなのだろうか。その時の状況から推定してみよう。

まず、書状の内容および綱文より読み取ると、光秀からの情報が景勝に届くまでの経路は、次の通りである。

光秀→須田満親（魚津城）→河隅忠清→直江兼続（信濃）→上杉景勝（信濃）

次にその時の状況について検討しよう。

光秀の使者が魚津城に着いたという六月一日には、魚津城はまだ持ち堪《こた》えており、須田はおそらく天神山城にいる。少なくとも魚津城に合流してはいない。また景勝は、春日山城にいるか、新発田・五十公野討伐のため新潟方面に動いていただろう。第一の側近である直江も、景勝と行動を共にしていたに違いない。そのように考えると、この河隅発給文書が六月三日であるはずがない。

景勝が信濃へ向けて春日山城を出陣した日にちについては『上杉家御年譜』にも載っておらず、明らかではない。しかし、京都の変を知って、森長可《ながよし》をはじめとする織田の大名たちが信濃を引き上げるとすぐに、信濃の国衆たちは次々と上杉氏に誼《よしみ》を通じている。景勝が彼らに与えた判物《はんもつ》や書状の日付から推して、彼が信濃に入ったのは六月十三日から十五日あたりと思われる（『上杉家御家譜』所収文書）。その時はすでに、魚津城は須田が接収していた。そこに光秀の使者が到着したのであろう。「馳走」の意味を具体的に言うと、上杉氏に北陸にいる織田軍を牽制《けんせい》してほしい、というものだと思う。思ったほど順調に畿内・近国の掌握が進まない光秀は、同僚部将の反撃を避けるために、これまでの敵を使って牽制する策をとったわけである。同じような文書は、毛利氏にも北条氏にも出されたにちがいない。

ところで最近、石崎建治氏が「本能寺の変と上杉景勝―天正十年六月九日付景勝書状―」という論文を発表した（『日本歴史』六八五、二〇〇五年）。その冒頭に、六月九日付け、游足庵（蘆《あし》名《な》氏の使僧）宛ての景勝書状が掲げられている（『平木屋文書』）。その書状の内容を意訳すると、次の通りである。

秀吉が播磨《はりま》・摂津の境の毛利方の城を囲んだので、毛利軍が後《うしろ》巻《ま》きのため出てきて秀吉を捕虜にしてしまった。秀吉を助けるため信長が出陣したが、その前に毛利方は秀吉を討ち取ったという。それで信長は軍を引いたところ、甥の信澄が謀反を起こして信長を切腹させた。このように加賀の越前寄りの所から注進があった（下略）。

なんと不正確な情報なのだろう。変から七日も経ていながら、上杉がつかんだ情報はこの程度だったのである。これを見て、光秀があらかじめ上杉と通じていたなどと考えられるであろうか。

義昭関与を示す語句

次に②としてあげた、語句の検証に移ろう。

藤田氏が足利義昭関与の証拠として提示している史料は、次の三点である。

A　惟任奉公儀、揃二万余騎之人数、不下備中而密工謀反

（『惟任謀反記』）

（意訳）惟任（光秀）は、公儀を奉じて二万余の兵を率い、備中に下らずに密かに謀反を企てた

B　信長討果上者、入洛之儀急度《きつと》可馳走由、対輝元・隆景申遣条、此節弥《いよいよ》可抽忠功事肝要、於本意者可恩賞、仍肩衣袴遣之、（下略）

（意訳）信長を討ち果たした（信長が討ち果たされた）上は、上洛のことをすぐに世話するよう、（毛利）輝元・（小早川）隆景に命令するので、いよいよ忠節に励むことが大事だ。思い通りに行けば、恩賞を授ける。（下略）

（六月十三日付け、乃美《のみ》兵部丞宛て足利義昭御内書《ごないしよ》、『本法寺文書』）

C　尚以受衆（急度カ）御入洛義（儀）、御馳走肝要候、委細為上意可被仰出候条、如仰未申通候処ニ、上意馳走被申付而示給、快然候、（下略）

（意訳）なお、受衆（急度？）御入洛ならば、お世話が大切である。細かいことは上意として仰せられるはずなのに、まだ連絡していなかったが、上意について仲介して伝えていただき、喜ばしく思う

（六月十二日付け、雑賀五郷土橋平尉《つちはしへいのじょう》宛て光秀書状、『森文書』）

Aにある「公儀」の語について藤田氏は、『惟任謀反記』を含む『天正記』全体を探しても、信長を「公儀」と呼んでいる例はない、この「公儀」は義昭を指し、「公儀を奉じて」は「謀反を工《くわだ》つ」に掛かると主張する。たしかに『惟任謀反記』にしろ、『播磨別所記』にしろ、信長個人については「将軍」がふつうであり、信長の意思については「上意」「下知」の語が用いられていて、「公儀」と書かれたケースはほかにない。

しかし、次に引用する史料の中の「公儀」は、明らかに信長を指している。

ア、公儀御疎略なきの躰、中々申す斗《ばか》りなく候条、（下略）

（六月五日付け、中川清秀《きよひで》宛て羽柴秀吉誓書、『織田信長文書の研究』下巻所収）

イ、羽喰《はくい》郡の儀、土肥但馬守知行について、（中略）猶もって公儀を得るべき間は（下略）

（天正八年八月二十三日付け、一宮惣中宛て菅屋長頼《すがやながより》判物、『織田信長文書の研究』下巻所収）

ウ、（天正八年）三月十日、（北条）氏政《うじまさ》の御使衆御礼。（中略）氏政より使者、笠原越前守。舎弟氏直《うじなお》の使者、間宮若狭守。同使、原和泉守。公儀御執奏、滝川左近将監《さこんのしょうげん》。同使、牧庵。（下略）

（『信長公記』巻十三）

エ、起請文《きしょうもん》の事

一　公儀に対され、御身上御理の儀、我ら請け取り申し候儀、いささかももって疎略に存ずべからざる事、（下略）

（天正十年六月四日付け、毛利輝元・吉川元春《きっかわもとはる》・小早川隆景《たかかげ》宛て、羽柴秀吉起請文、『江系譜』所収文書）

これらの例を見ると、「公儀」という語は、信長ないし信長の意思という意味でも用いられていることがわかる。

藤田氏が例として出している『惟任謀反記』の文章は、「公儀を奉じて」をすぐ下の「二万余騎の人数を揃へ」に掛けて、信長の命令を奉じる意味でよいと思う。

次に、Bの「信長討果上者」の文言についての検証に移ろう。藤田氏はこれを「信長討ち果たす上は」と読み、義昭の意思で信長を討ち果たした、ことを表現したもの、としているのである。

しかし、先に紹介した、六月六日付け、家臣宛ての小早川隆景書状（『萩藩閥閲録』七八

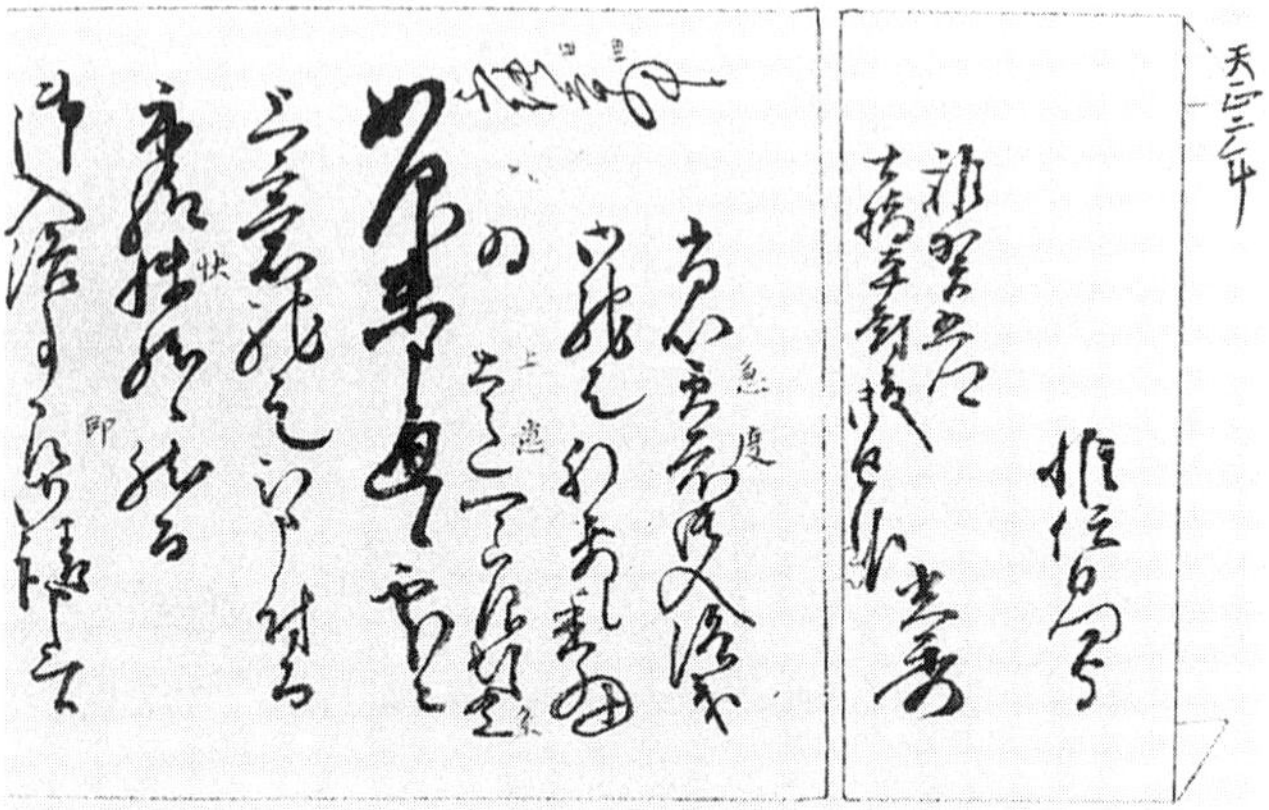

蔵影写本，滋賀県立安土城考古博物館図録『是非に及ばず』より）

頁参照）にも「信長父子討果」という表現がなされている。これは「討ち果て」あるいは「討ち果つる」と読むべきではなかろうか。もし「討ち果たす」と読むならば、小早川発給文書ともども修辞と考えるほかはないであろう。

　最後は、Cの光秀書状についての検証である。この文書中にある「上意」が義昭を指すことはまちがいない。しかし、これまで「急度」と読まれていた文字を「受衆」と読むことによって、義昭の謀反に荷担した者たちと解釈するには無理があるだろう。影写本の字体を見ると「急度」と読むほうが自然だし、「受衆」という語自体他に用いられた例が見出だせない。また、「御入洛」と敬語表現されているのは、その主語が義昭だからである。やはりここは「急度」

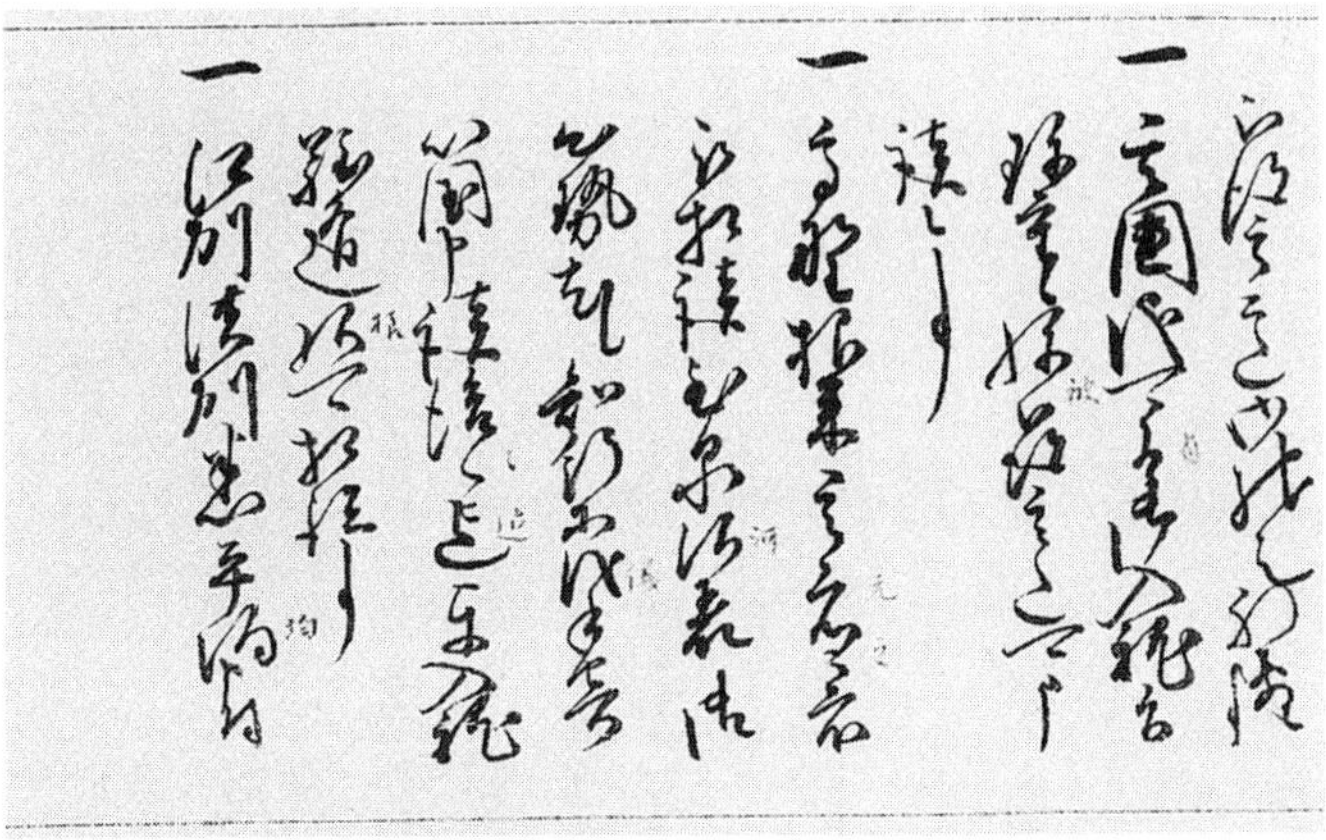

図10　明智光秀書状（部分,「森文書」, 東京大学史料編纂所

と読むべきであろう。

この書状の宛名である土橋平尉（春継）についても触れておこう。

土橋氏は同じ雑賀衆ながらも鈴木孫市《まごいち》とは対立を続けていた。孫市は、本願寺の戦力として活躍してきたものの、大坂開城後は信長に忠誠を誓っている。それに対して土橋氏は、本願寺とは離れたところで一貫して反信長としての行動を続けてきた。

天正十年一月、鈴木氏と土橋氏との争いが起こると、信長はその私闘に介入して、孫市に土橋氏の総領若大夫を殺させた。若大夫の嫡男平尉とその弟たちは抵抗したもののかなわず、近国や土佐の長宗我部氏のもとに落ち延びる（『宇野主水日記』『信長公記』）。

また、吉川広家覚書《おぼえがき》（『吉川家文書』）によると、本能寺の変を最初に毛利氏に知らせたのは「紀州雑賀」の者だったという。つまり雑賀衆の中でも土橋氏は、信長に対抗している長宗我部氏・毛利氏に通じていたのである。毛利氏に身を寄せている足利義昭と連絡をとっていたとしても不思議ではない。

この六月十二日付けの光秀書状は、土橋平尉からの通信に対する返書である。土橋が義昭と連絡をとり、光秀に義昭の京都帰還を頼んだ。それに対する返事とするべきだろう。光秀と義昭とがあらかじめ連絡を取り合っていた証拠にはならないのである。

足利義昭の関与をめぐって

以上、藤田氏が足利義昭の関与の根拠として示した論証に対して、一つ一つを取り上げて反論してきた。ここでは、総括的に論じてみよう。

まず言えることは、光秀がすでに零落している義昭を担いだとて、どれだけ味方を糾合する力になっただろうか、ということである。藤田氏は、「鞆幕府」があるなどれない勢力を維持しており、権威も保っていたと述べているが、その勢力や権威を光秀が信じていたとしたら、もっと義昭を表面に出して味方を募ったはずではないだろうか。六月九日付けの（細川藤孝宛て）書状を見ると、そうした疑念はなおもつのるだろう。味方すると当てにしていた畿内・近国の同僚たちは駆け付けてこない。悲観的な状況の中にあっても、光秀は依然として義昭カードを切っていないのである。

「鞆幕府」は藤田氏の言う通り意外と整備されていたかもしれないが、そこと連絡して入魂の姿勢を見せている大名はほとんどいない。義昭は天正五年前期頃までは諸国の大名へ積極的に働きかけているが、その後は援護を毛利氏一本に絞ったせいか、ほとんどそのような動きがなくなっている。この五年間で、将軍としての影響力は急速に低下していた、と見るべきである。光秀もそれを知っているからこそ、謀反当初から担ごうという意図はなかったのであろう。雑賀の土橋平尉の仲介があって、はじめて義昭を立てることを考えたのだと思う。

次に、前掲した、六月十三日付けの乃美宗勝宛て、義昭御内書（『本法寺文書』）を再度見てみよう。

信長討ち果つる上は、入洛の儀急度馳走すべき由、輝元・隆景に対し申し遣わす条、この節いよいよ忠功すべき事肝要、（下略）

やはり義昭は、毛利氏に奉じられて再び京都に入ることを念願としていたことがわかる。

それに対して、変報を受けた直後の毛利氏はどうだったか。ここでも前掲の史料を再掲する。六月六日付けで国元の家臣に宛てた、小早川隆景の書状である。

急度申し候。京都の儀、去朔日信長父子討ち果て、同二日ニ、大坂において、三七（信孝）生害残す所なく候。七兵衛尉（信澄）、明智、柴田調儀をもって討ち果たす由に候（下略）　（『萩藩閥閲録』）

同日付けで満願寺《まんがんじ》に宛てた輝元の書状もあるが、内容は隆景書状とほぼ同じである（『満願寺文書』）。

変後四日を経ているのに、毛利氏はまだ事件を正確につかんではいないのである。毛利氏に担がれて上洛を望んでいる義昭が、その毛利氏を蚊帳《かや》の外に置いて光秀を動かすなどということが信じられるであろうか。

その他の関与・黒幕説の再検証

一九九〇年代初頭より本能寺の変が一般の注目を集めだしたこと、その中からいわゆる関与・黒幕説が台頭してきたことについては、前章で述べた通りである（九八頁参照）。いろいろな関与・黒幕説の中で、その後も有力な説として命脈を保ち続けたのは「朝廷関与（黒幕）説」である。しかし、小説として書かれたものも含めると、羽柴秀吉を黒幕ないし関与者として置いたものが最も多かった。

秀吉関与（黒幕）説

中には、秀吉が配下の野武士を使って本能寺を襲わせたなどという、荒唐無稽の「秀吉主犯説」もある。多いのは、光秀・秀吉・家康の共謀説である。そこには、陰謀を企画する黒田孝高《よしたか》・本多正信《ほんだまさのぶ》がいたり、陰謀に協力する千利休《せんのりきゅう》たち堺の商人、どういうわけか安国寺恵瓊《あんこくじえけい》が加わっていたりする。ごく最近になってもまた、明智光秀は冤罪《えんざい》、秀吉・黒田・利休たちのしわざという説も出ている。小説ならばよし、ノンフィクションとして真相究明を唱い上げているのなら、噴飯ものとして一笑に付すしかない。

秀吉を疑う理由は、彼が本能寺の変によって最も利益を受けた人物だったからである。そして、その利益を享受する因をもたらした中国大返しに向ける疑惑の声が多い。あまりにも速く、かつ順調に尼崎《あまがさき》まで駆け付けたからである。ここでは、秀吉の中国大返しにしぼって再検証してみたい。

「再現　本能寺の変」の章で、秀吉が京都の変を知ったのは、四日未明であると推測した（七五頁参照）。その後の秀吉の行動については、重複するけれど次にまとめてみよう。六月四日、巳《み》の刻（午前十時頃）、高松《たかまつ》城主・清水宗治《むねはる》の切腹。毛利の使僧・安国寺恵瓊を招いての和睦交渉。夕方、和睦成立。

まず、秀吉に疑いの目を向ける者はこの講和について、あまりにも手際がよすぎる、と言う。しかし、前述した通り、秀吉と毛利氏との和睦交渉は、何日か前から行われていたのである（『惟任謀反記《これとうむほんき》』『毛利家日記』）。毛利方では五ヵ国割譲の覚悟だったのを、秀吉のほうが美作《みまさか》一国と備中《びっちゅう》・伯耆《ほうき》の各一部まで譲歩した。毛利氏がその条件をすんなりと呑

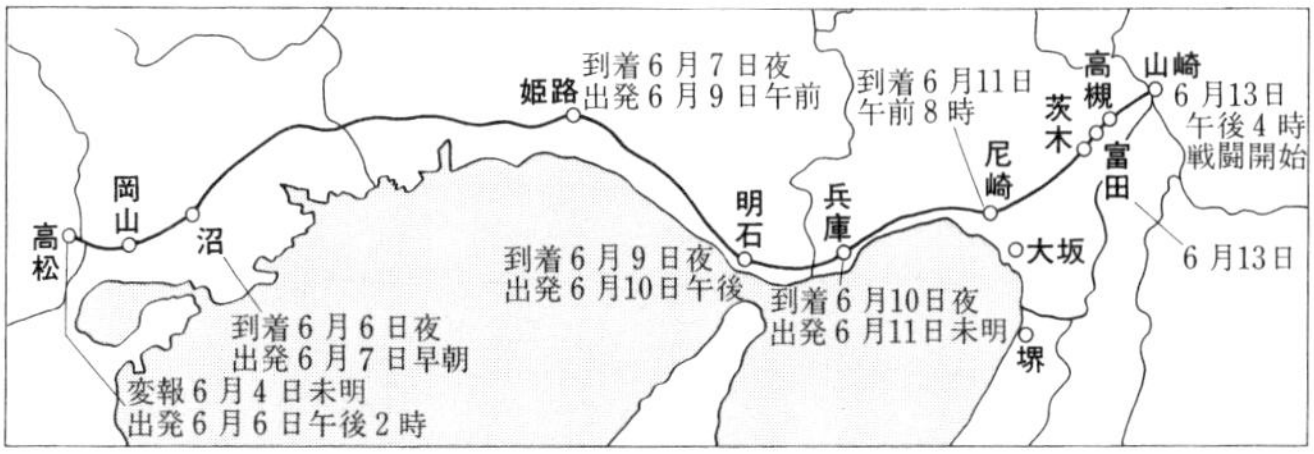

図11　中国大返しの秀吉の進路

むのは当然であろう。

和睦締結後秀吉は、しばらく毛利軍の様子をうかがい、六日の未刻《ひつじのこく》（午後二時頃）に高松表を撤退する（『浅野家文書』『惟任謀反記』）。その後、尼崎に至るまでの行程は、次の通りである。

高松—沼《ぬま》（約三五キロ）—六日未刻（午後二時頃）出発→同日夜到着
沼—姫路《ひめじ》（約七〇キロ）—七日早朝出発→同日夜到着
姫路—明石《あかし》（約三五キロ）—九日午前出発→同日夜到着
明石—兵庫（約二〇キロ）—十日午後出発→同日夜到着
兵庫—尼崎（約二五キロ）—十一日未明出発→同日辰刻（午前八時頃）到着

要するに、沼—姫路間がものすごいのである。

この大返しについて秀吉自身、「二十七里（約一〇六キロ）の所を一日一夜」で姫路まで帰陣した、と述べている（『浅野家文書』）。「二十七里」というのは、高松から姫路までの道程、そのうち沼

—姫路間は約七〇キロである。昭和十三年（一九三八）に日本陸軍から出された軍令である『作戦要務令』では、連日行軍する場合の標準を、大部隊で一日約二四キロとしている。秀吉軍の行軍は、それに比べてもすごいスピードといえる。

歩卒《ほそつ》も含めて秀吉軍の全員がこのスピードで姫路まで到着したというのなら、それはおかしい、何かがあったにちがいない、という結論になるかもしれない。しかし、良質史料を読み返すと、次のように書かれている。

（姫路着陣、出陣の時）

七日、大雨疾風、数か所大河の洪水を凌ぎ、姫路に至ること廿里ばかり、その日、着陣す。諸卒相揃わずといえども、九日、姫路を立って、（下略）（『惟任謀反記』）

（尼崎着陣の時）

十一日辰之刻に、尼崎まで著（着）陣せしめ、人数相揃わず討ち死につかまつりても、（下略）（『浅野家文書』）

（山崎の戦いの時）

（上略）秀吉の人数、備中・備前に相後《おく》れたる者これ多し。これに依って、一万余騎に過ぎず（下略）（『惟任謀反記』）

つまり秀吉は、主立った将のみを連れて懸命に駆けたのである。兵卒のほとんどは置いてきぼりを食らい、遅れて姫路に到着した。姫路で二泊する間に、多くの者が追いついたものと思われるが、十三日の山崎《やまざき》の戦いにさえ間に合わなかった者も大勢いたらしい。前に紹介した『作戦要務令』には、騎馬大部隊の一日の標準は四〇ないし六〇キロとある。早朝より深夜まで強行軍を行えば、七〇キロ進軍することは不可能ではなかろう。秀吉の中国大返しを不可能と見て彼を疑うのは筋違いである、と結論したい。

本願寺教如首謀者説

小泉義博氏は二〇〇四年に、それまで諸誌に発表したきた論文を中心にして、『本願寺教如の研究』（法蔵館）をまとめ、刊行した。その第一部第二章が「教如の諸国秘回と本能寺の変」であり、本願寺《ほんがんじ》開城後の教如《きょうにょ》の足跡をたどると同時に、教如が本能寺の変に果たした役割についての検証がなされている。要点をまとめると、次の通りである。

①教如は天正《てんしょう》八年（一五八〇）八月に大坂を出て以来、紀伊雑賀《きいさいか》―美濃《みの》―飛騨《ひだ》―越前―越中―飛騨と秘回の旅を続けた末、同十年四月に安芸《あき》へ、さらに播磨英賀《はりまあが》に潜伏した。その間、甲斐《かい》出陣の信長軍の後方攪乱《かくらん》のための一揆《いっき》を扇動するなど、反信長の姿勢を貫いた。

図12　教如（安土城考古博物館蔵）

②英賀にいる教如のもとへ、丹羽長秀の指揮する織田軍が雑賀にいる顕如《けんにょ》を攻撃する、との報が入った。一方、正親町《おおぎまち》天皇にしても本願寺門跡《もんぜき》の滅亡は断固阻止せねばならず、教如の意向をくみ取った上で光秀に信長打倒の命を下した。教如―天皇―光秀の仲介役は近衛前久《さきひさ》や吉田兼和が果たした。

③『駒井日記』の「信長様御一類にハ大敵にて候事」の文言、また、（天正十年）七月十三日付けの善徳寺御房宛て下間了明《しもつまりょうめい》（頼龍）書状（『善徳寺文書』）の「定今日、御本意たるべく存知候」の文言により、信長打倒の企ての首謀者は教如だったと思われる。

④教如は、高松城を攻撃中の秀吉に対し、光秀謀反の事前情報を流した。そのため秀吉は高松攻略を急ぎ、変の確報とともに撤兵した。撤退の途中、姫路城に教如を呼んで面謁談話し、交誼《こうぎ》を結んだ。

小泉氏はこの論文で、教如の諸国秘回の足跡について、教如自身や側近の下間了明などの発給した多数の文書を駆使し、実に綿密な考証を展開している。それなのに、こと教如と変との関わりに関しては、史料吟味のずさんさと論理の飛躍の連続である。①については、取り立てて反論することはない。しかし、②〜④の結論はとても成立するとは思えないのである。

まず②を検討しよう。

小泉氏は織田軍の顕如攻撃の根拠として、『大谷本願寺由緒通鑑《ゆいしょつがん》』という史料をあげている。だが、この史料は、引用されている文面を見ると、中川清秀や高山重友《しげとも》を四国討伐軍に入れるなどのひどい誤りを犯している程度のものである。江戸時代の俗書には、この時、信孝が高野山を攻めようとしたが変によって中止になったなどと書いているものもあるが、それと同類の創作といってよい。

『信長公記』にある二月九日付け信長朱印状中の「一、泉州一国、紀州へおしむけ候事」の記事について、小泉氏は顕如・高野《こうや》山《さん》・根来寺《ねごろじ》攻撃の命令としているが、これは、当時反抗的だった高野山や雑賀の土橋氏への牽制という意味である。織田軍が雑賀に向けて動いたならば、『多聞院《たもんいん》日記』『蓮成院《れんじょういん》記録』、何よりも『宇野主水《うのもんど》日記』に書かれるはずであろう。

また、六月十二日付け、土橋平尉宛て光秀書状（『森文書』一五六頁参照）について、小泉氏は文中の「上意」を顕如の意思とし、先に顕如が土橋に命じて光秀に連絡させたとしている。しかし、「足利義昭関与（黒幕）説の再検証」のところで触れた通り、この「上意」は義昭の意思である。土橋氏は浄土宗門徒ではないかと考えられており、本願寺と密接な関係は持っていない（小山靖憲「雑賀衆と根来衆」『根来寺に関する総合的研究』）。独自の動きで光秀と義昭との仲介役を務めたものであろう。

正親町天皇が光秀に命令したという考えそのものが成り立たないことについては、「朝廷関与（黒幕）説」批判のところで述べた通りであり（一三八〜一四一頁参照）、一歩譲ってたとえ顕如攻撃が計画されていたとしても、なおも成立しないことである。

③については、史料の曲解というほかない。『駒井日記』の解釈については、「足利義昭関与（黒幕）説」批判のところで述べた（一四四〜一四五頁参照）。『善徳寺文書』の「御本意たるべく存じ候」は、教如が信長の横死《おうし》を喜んだという解釈にとどめるべきだろう。この一言をもって教如が変の首謀者であると決め付けるのは、とうてい無理であろう。

④に移ろう。

教如の諸国秘回については、文書を駆使して教如の足跡を追い、随伴者に関してまでつぶさに検証している小泉氏だが、この部分の考察に関しては史料の吟味が不十分であり、かつ論理の飛躍によって、見当違いの結論が導き出されている。

直江兼続《かねつぐ》宛て河隅忠清書状の日付が六月三日とは信じられない、ということについては、「足利義昭関与（黒幕）説」への反論の中で述べた（一五〇～一五二頁参照）。この書状が六月三日付けということを前提として小泉氏は、足利義昭の光秀への働きかけが五月十八日から二十二日にあった、などという推論を導き出している。この書状の六月三日という日付から論を構築するのは無理である、と繰り返しておく。

変の後の秀吉の動きに関する論述は、さらに疑問が多い。秀吉が変を知るのは六月四日未明、高松退陣は六日、姫路着は七日夜、という行程は、一次史料を含むいくつかの史料で確認されることである。小泉氏が依拠している翌年七月二十九日付け、太田道誉《どうよ》宛て秀吉書状（『太田文書』）では記憶違いと誇張（事実をよく知らない者への誇大表現。秀吉だけでなく、戦国武将はよく用いている）が明白に表れている。高松の城兵をことごとく討ち取ったとか、毛利陣を攻撃して降参させた、などと書かれているのがその例である。

しかも小泉氏は、変報の四日到着を否定し、「常識的な速度で計算」した結果として、七日のこととしている。小泉氏の「常識的な速度」というのは、一日四〇キロほどにとどまるということらしい。

しかし、信頼できる史料を見る限りでも、京都から四〇キロほどの奈良、五〇キロ余りの堺に、変報は当日中に届いている（『多聞院日記』『宇野主水日記』）。また、『家忠日記』によると、岡崎南方の深溝《ふこうず》に三日の酉《とり》刻（午後六時頃）に届いたという。京都―深溝間は、陸路で行くと一九〇キロほどもある。京都―高松間と大差のない距離である。早馬《はやうま》あるいは船という交通手段を使えば、二日間以内に高松まで伝達するのは十分可能だと思う。

せっかく一次史料でわかる事実を、推測によって否定するのは、教如が姫路で秀吉に会ったということと、事前に変を知っていた教如が秀吉に速報したという二点と辻褄《つじつま》を合わせるためと思われる。しかし、一次史料にある記事を疑いながら、『大谷嫡流実記』などという後世の編纂物にある記事を無批判に信じるという姿勢はいかがなものであろうか。

南欧勢力黒幕説

①―その概略

立花京子氏は二〇〇四年、集英社新書の一冊として、『信長と十字架―「天下布武」の真実を追う―』を世に出した。これまで大胆ながらも緻密な史料解釈により、学界に新風を吹き込んできた立花氏だが、この本にはそれこそ驚天動地の論述が展開されていた。

イエズス会は信長の抹殺を計画して、朝廷から光秀に命令を出させ、かつ秀吉に光秀を討つよう準備させていた

本能寺の変にイエズス会が関わっていたとするだけならば、まだ驚きは小さい。

信長は南欧勢力から援助を受けて全国制覇を遂行していた

イエズス会側は信長に中国の武力征服を期待し、それを信長に課した目標として設定していた

つまり、信長という武将については、

信長は、イエズス会の支援によって全国制覇に挑戦しただけでなく、イエズス会のために立ち上がった武将なのである

さらに、信長政権については、

信長は南欧勢力という外圧によって生まれた権力であり、外圧によって倒された

そして、世界史的視野に立てば、

信長の全国制覇を、大植民地化時代の流れの、極東での一つの成果として、確かな位置を与えるべきである

「イエズス会関与説」などという生易しい説ではない。やや長いけれど立花氏の意向も

汲んで、「イエズス会を中心とする南欧勢力黒幕説」と呼んでおく。

織田政権の性格、安土桃山時代の特色、ひいては日本史全体の解釈を大きく覆すほどの結論が導き出されているわけである。

では、これほどの結論を導き出した根拠はどこにあるのだろうか。立花氏の拠った史料を再検討して見ても、氏の主張するような様子はまったく感じられないのである。

「イエズス会を中心とする南欧勢力黒幕説」に展開されている立花氏の主張を、より具体的に整理すると次の通りである。

①大友宗麟《そうりん》こそ、日本政治の舞台廻し役であり、バテレンとその援助者に対する司令塔の役割を果たしていた。彼のいる豊後府内《ぶんごふない》は、鉄砲製造の先端技術の拠点で、信長は大友を通じて、間接的にイエズス会から武器援助を受けていた。

②イエズス会の周囲には、大友だけでなく堺の商人（日比屋《ひびや》一族・天王寺屋《てんのうじや》一族）、廷臣（清原枝賢《えだかた》・吉田兼右《かねみぎ》・立入宗継《たてりむねつぐ》）、幕臣（細川藤孝・磯谷久次）がおり、イエズス会の企《くわだ》てに協力していた。

③南欧勢力は、イエズス会を通じて、信長に資金等の援助をしていた。その援助を受けて信長は、全国制覇を遂行していった。

④南欧勢力は中国征服を目的としており、信長を使って中国を武力征服することを目標にしていた。
⑤本能寺の変は、イエズス会が光秀を動かした結果であり、秀吉が光秀を討ったのもイエズス会の筋書き通りであった。本能寺の変は、イエズス会にとって、単なる「首のすげかえ」であった。
⑥その企てには、津田宗及《そうぎゅう》が仕掛人として活躍し、朝廷もイエズス会の意を受けて、光秀に信長抹殺の命令を出した。

南欧勢力黒幕説②
―その説の批判

まず①の大友宗麟の役割のことから取り上げよう。宗麟という人物はキリシタン大名として有名だが、決してキリスト教に耽溺《たんでき》してしまった大名ではない。受洗したのは遅く、天正六年(一五七八)、隠居後のことである。キリスト教に限らず宗教保護に熱心で、京都大徳寺《だいとくじ》から禅僧の怡雲《いうん》を豊後に招聘《しょうへい》しているし、熱心に禅の修行をした様子も見られる。フロイスが、「如何《いか》に勧むるも、デウスの事を聴き、我等が遠隔の国より来りて日本に弘布する所を根本より知らんとするに至らざること」と嘆いている通りである(フロイス『日本史』)。キリスト教信仰よりも、これを保護することによって軍事的・経済的利益を求めていた人物と評したほうがよい。

宗麟は永禄《えいろく》年間に毛利氏と干戈を交え、天正頃には龍造寺《りゅうぞうじ》氏、次いで島津《しまづ》氏の進攻を受け続けた。自国の経済的・軍事的発展が急務だったため南蛮貿易に頼ろうとしたのだが、とても信長を援助する余裕などなかったはずである。

フロイス書簡によれば、信長の持っていた大鉄砲（大砲）のうちの一門が宗麟からの贈り物だったのは確かのようだが、それをもって信長が彼を通じてイエズス会から武器援助を受けていたなどと言うのは飛躍に過ぎよう。立花氏は、豊後府内は鉄砲製造など先端技術の拠点だったとしているが、そのようなことを書いている文献はないし、府内の古図を見ても技術者の集まった跡らしい所は見当たらない。何を根拠にそのような論を展開しているのだろうか。
②に移ろう。
日比屋了珪《りょうけい》とその子供たち、清原枝賢がキリシタンになったのはよく知られている。しかし、津田宗及ら天王寺屋一族、吉田兼右（兼和の父）、立入宗継、細川藤孝、磯谷久次がキリシタンないし強力なシンパだったというのは、どのような史料に基づいた説なのだろうか。

フロイスの『日本史』を見ると、藤孝については、布教とは関係ないところで三度ほど登場するが、イエズス会に協力したという記述はまったくない。天王寺屋・吉田・立入・磯谷に至っては、イエズス会関係の史料には一度も名を出すことがない。逆に『天王寺屋会記』、『兼右卿記《かねみぎきようき》』などを見ても、キリスト教関係の記事は見当たらない。

そのようにイエズス会とは疎遠な者たちが、イエズス会の大それた計画の協力者などと断言できる根拠はどこにあるのだろうか。しかも、天王寺屋は大友と信長とのパイプ役、藤孝は「天下布武《てんかふぶ》」の立案者などと、具体的な役割まで振っているのは、想像上の産物にすぎない。史料的裏付けのない記述は、単なる創作としか言えないのである。

次に③について。

結論から言うと、イエズス会には、とても信長の統一事業を援助するほどの財力はなかったようである。高瀬弘一郎『キリシタン時代の研究』によると、イエズス会の収入のうち定収入は、ポルトガル国王給付の年金、ローマ教皇給付の年金、不動産収入、貿易収入ということだが、一五六〇年代後半には一万八〇〇〇から二万クルサード、それがインドへの送金によって、一五六〇年代末から一五七〇年代冒頭の頃にはたった六〇〇〇クルサードになってしまったという。ヴァリニャーノは、「資産は非常にわずかで、全部で二万トゥカド（クルサード）を越えない。しかもこのうち半分以上は（貿易の時の）危険にさらされる」「収入を補わなければ、日本のイエズス会とキリスト教は滅亡の危険にさらされる」と言っている（『日本要録』）。

貨幣価値の変動のため安易に換算はできないが、一五九九年十月二十六日付けのヴァリニャーノの報告書によると、一クルサードは一石の値であったという（五野井隆史『徳川初期キリシタン史研究』）。二万石足らずの収入、そのうち活動費は六〇〇〇石ほどという有様で、どのようにして信長の天下統一に資金援助できるというのであろうか。

信長への贈り物は珍奇な物ではあっても、決して高価な物ではなかった。銀の延棒《のべぼう》を贈ろうとした時、「（伴天連《ばてれん》は）貧しく異国の者であるから」と言って信長が受け取らなかったというのは、イエズス会の窮状を察していたからであろう。それについて立花氏は、「それは、フロイスのつくった虚構、もしくは誇張であろう」と述べている。せっかく具体的な表現がなされているのに、はなから「虚構」などと言って否定し、強引に自説に結び付けるという姿勢はいかがなものであろうか。こんな姿勢だと、どんなに良質な史料であっても素直に使えなくなってしまう。

④について。

フィリピン総督からスペイン国王へ宛てた書簡、その他国王・総督関係の書簡を見ると、たしかにスペイン・ポルトガルには、中国（明）を武力征服する意図はあったようである。しかし、国王からフィリピン総督への返書には、中国との友好を保つよう命令されている（一五七七年四月二十九日付け、一五八〇年四月二十四日付け書簡、高瀬弘一郎『キリシタン時代の研究』所収）。

日本に関しては、ヴァリニャーノがフィリピン総督宛ての書簡で言っている通り、国土は貧しく、国民は非常に勇敢なので、「何らかの征服事業を企てる対象としては不向き」ととらえていたようである（一五八二年十二月十四日付け、『キリシタン時代の研究』所収）。ヴァリニャーノとても、条件さえ整えば日本の武力征服に反対ではなかったようだが、当面のところスペイン・ポルトガル自体にそうした動きはなかった様子である。

そして、⑤⑥について。

フロイスの記述の中に、「デウスが信長の命の終了日を決定した」との文言があり、立花氏はそれをもってイエズス会が変の黒幕だったことの根拠にしている。しかし、このような表現は、キリスト教宣教師たち特有の言い回しであり、単なる修辞として扱うべきものである。彼らの書簡を見ると、何かにつけ「デウスが……なさった」と表現されている。

例をあげると枚挙に暇がないほどだが、本能寺の変直後の記事から一つだけ例示してみよう。安土城炎上についての記事である。

　主（デウス）は信長の栄華の痕跡を断つため、敵が見逃したかの壮大な建物（安土城天主）がそのまま遺ることを許し給わず（中略）、（信雄《のぶかつ》が）城の最上層の主な部屋に火をかけ、続いて市をも焼き払うことを命じるよう仕向けた（下略）

立花氏の論理でゆくならば、安土城を焼かせたのもイエズス会宣教師ということになってしまう。

津田宗及が仕掛人だという根拠にしても、単に茶会や連歌会《れんがかい》で光秀や秀吉と何度か同席しているというにすぎない。先にも述べた通り、『天王寺屋会記』には、宗及とイエズス会との接触をほのめかす記事すらない。なぜ宗及の名がここに出てくるのだろうか。

そもそも、計画通り信長を討たせ、さらに秀吉を動かして光秀をも討たせるなどと、まるで将棋を指すようである。金力もない、兵力もない、日本国内での仲間も限られているイエズス会が、卓上で駒を動かすように日本の政治の中枢を操るなど、できるはずがないであろう。

以上、掲示した①〜⑥についての反論は終えた。だが、このほかに、文献史料の用い方、信長の印章の解釈の二点についても一言ずつ述べておきたい。

南欧勢力黒幕説③——典拠史料と印章のこと

文献史料の用い方とは、立花氏が『道家祖看記《どうけそかんき》』を全面的信頼のもとに用いていることである。信長が正親町天皇から決勝綸旨《りんじ》を受ける経緯についての記述だが、立花氏は、登場人物の言動をもとに、これを永禄元年（一五五八）のこととしている。すなわち、この時にして信長は、天皇から天下統一を命じられたというのである。

ところが、永禄初年が舞台なのに、秀吉が家老格として登場したり、まだ幼児であるはずの堀秀政まで出てきたりする。その矛盾をどう説明するのだろうか。

そもそも『道家祖看記』というのは、かつて渡辺世祐氏が「織田信長の勤王事蹟解説に資する『道家祖看記』は偽書」（『歴史教育』一〇—五、一九三五年）で批判したように、決して信頼できる史料ではない。

そうした史料に大まかなところで依拠するのならまだ許せるのだが、登場人物の一人である万里小路惟房《までのこうじこれふさ》の言葉を根拠に、「決勝綸旨の内容が、尾濃両国の制覇だけを意味していないことが判明する」などという結論を導き出すのはあまりにも軽率ではなかろうか。

このような史料の用い方をすれば、必ず事実を見誤るであろう。

信長の印章についての解釈も同様である。最初の「天下布武印」が楕円形なのが、即イエズス会の影響に結び付くものなのだろうか。中国を見れば、宋代の禅僧の印章にも楕円形はある。影響の経路を遡るならば、宋に影響された日本の禅僧に結び付けるのがふつうの考え方ではないだろうか。信長の印章はその後、元亀《げんき》元年（一五七〇）に馬蹄形が登場し、さらに円形のものが用いられるようになる。立花氏の論法に倣えば、信長は次第にイエズス会離れが進んだ、ということになってしまうだろう。

最近提唱された関与・黒幕説

二〇〇〇年代の傾向としての一つは、これまで本能寺の変に関して沈黙してきた研究家の意思表示が見られるようになったことをあげねばならない。先に紹介した小泉義博氏の本願寺教如首謀者説、藤本正行・鈴木眞哉氏の藤田説・立花説批判。そして、これまで城館・城下町研究で顕著な実績をあげてきた小島道裕氏も、独自の見解をその著書中で述べている。

もう一つの傾向をあげるならば、在野の研究家もそれぞれ自分の研究成果を上梓し、本能寺の変をめぐる議論に参加してきたことである。同じ二〇〇五年のうちに、次の三文献が刊行されている。いずれも、光秀以外の人物の策謀を中心テーマにした論述なので、ここで紹介して反論を加えたい。

井上慶雪『明智光秀冤罪論　信長謀殺、光秀でない』叢文社

円堂晃『本能寺の変本当の謎　叛逆者は二人いた』並木書房

小林正信『織田・徳川同盟と王権─明智光秀の乱をめぐって─』岩田書院

井上氏の論は題名でわかる通り、「光秀潔白説」に立つものである。そもそも光秀の謀反というのは「固定観念」にとらわれた結論であると否定し、羽柴秀吉主犯、黒田孝高・千利休共犯という図式を導き出したものである。四十年近くも以前に唱えられた八切止夫氏と同じ論法であり、八切氏の著書と同じく読み物としては楽しめるが、史学の文献としては評価しがたいものと言ってよい。

二番目にあげた円堂氏の説は、『信長公記』等が伝える事件の経過に対する疑問から論を進めたものである。光秀はなぜ一万三千もの大軍で京都に進軍したのか、京都にいた馬《うま》廻《まわり》たちが駆け付けなかったのは何ゆえか、光秀が信忠を同時に襲わなかったのはなぜか、これらの疑問からの帰結として、光秀を大軍ごと京都に呼び寄せたのは信長にほかならない、としているのである。

信長は将軍位を望んでいた。だが朝廷は、毛利氏を討って、庇護されている足利義昭を

除いてからだという。毛利氏との戦いに不安を持っていた信長は、対朝廷クーデターを計画、光秀の大軍による示威行動で要求を通そうとした。光秀はその裏をかいて謀反に及んだのが本能寺の変である。

以上が円堂氏の説の概略である。「信長による対朝廷クーデターの失敗」説とは、著者自身の命名である。

円堂氏があげた疑問点はいちおうもっともである。だが、例えば不必要な大軍による行軍、信忠襲撃の遅れ等の疑問は、桐野作人氏が述べているように、明智軍が三隊に分かれて進軍した、そのうちの信忠襲撃の部隊が何らかの理由で遅れてしまった、と考えれば解決できるものである（桐野①）。これらの疑問から一気に「明智軍を呼び寄せたのは信長自身である」という結論に達するのは、著しく飛躍した論というほかはない。

最後にあげた小林氏の著書は、雑誌『郷土文化』（名古屋郷土文化会）に発表してきた論文を加筆、修正して一冊にまとめたものである。小林氏は、本能寺の変だけでなく、織豊政権論・室町幕府論など武家政権に関する先学の実績を広く参考にして、独自の見解を構築している。その主張するところは、次の通りである。

①信長の政権は、将軍追放後も将軍の「代行政権」にすぎず、その後も京都には、明智

光秀を中心にして幕府奉公衆《ほうこうしゅう》・奉行衆《ぶぎょうしゅう》で構成する室町幕府が存在していた。
②最後に信長は、自分が太政大臣となり、盟友徳川家康を将軍に就任させて、室町幕府体制を打破しようとした。光秀以下の幕府奉公衆・奉行衆はそうした信長の動きを察して、信長・信忠・家康を襲おうとした。
③信長・信忠襲撃は成功したが、細川藤孝の裏切りにより家康は逃してしまった。そして藤孝は、備中にいる秀吉に迅速に情報を送り、中国大返しを促した。
④山崎の戦いで光秀をはじめとする幕府奉公衆・奉行衆が滅びた時点を、室町幕府の終焉と規定する。

著者の命名に従うと、「明智光秀制度防衛」説ということである。光秀の背後に、細川藤孝ら幕臣がいた、という説なので、関与・黒幕説に含めてよいだろう。

ここに書いたあらすじのほか、正親町天皇を朝廷に権威のみならず権力をも持たせた傑物と評価したり、光秀を介して、将軍義輝《よしてる》襲殺事件・三好党《みよしとう》による本圀寺《ほんこくじ》襲撃事件・本能寺の変の三事件を関連づけたり、桶狭間《おけはざま》の戦いを信長の京都防衛と性格づけたり、著者独自の推論が展開されている。飛躍に飛躍を重ねて構築された論だけに、説得力のある結論には至っていない。

以上の通り、二〇〇五年に出された三冊の文献は、著者の意欲はわかるものの、どれも堅実な考証のもとに行き着いた説と評価することはできないのである。

光秀の動機を探る

本能寺の変の原因についての諸説

明治期以後提唱された諸説

前章では、色々と提唱された関与・黒幕説がいずれも成立しがたいものであることを論証した。一歩譲って明智光秀を動かした者、協力した者があったと仮定しても、光秀自身に信長を討つ動機がなければ謀反には至らない。ここの章では、光秀の謀反の動機に焦点を当てて検証してみたい。

事件の直後より江戸時代を経て、関与・黒幕説がさかんになる一九九〇年代に至る動きについては、「本能寺の変研究の流れ」の章で述べた。ここでは、より具体的に、明治期以降の論考で本能寺の変の原因について述べているものをリストアップし、それらを再検証してみる。リストは、研究家が真相究明を目的として著した論考、という観点より選択する。したがって、小説や評論とされるべき作品は除外し、また、歴史を意識したものでも、あまりにも突飛と思われる説はここからは除かせていただく。

幸田成友《しげとも》
・「本能寺の変の源因」『反省雑誌』明治三十一年二月号（一八九八年）

大町桂月
・「信長の時代と其性格」『織田信長』隆文堂書店（一九一一年）

徳富蘇峰《とくとみそほう》
・『近世日本国民史　織田氏時代』後篇「第十四章　光秀謀反の動機」民友社（一九一九年）

小酒井儀三
・「本能寺の変に就いて」『歴史と地理』五―五、六―一（一九二〇年）

田中義成
・『織田時代史』「第三十二章　明智光秀の謀反」明治書院（一九二四年）

渡辺世祐《よすけ》
・『安土桃山時代史』（日本時代史8）「第一編第十六章　本能寺の変」早稲田大学出版部

（一九二六年）

小幡豊信

・「本能寺の変について」『歴史教育』三―三（一九二八年）

斎藤養沼

・「信長も亦責なしとせず」『歴史教育』三―三（一九二八年）

花見朔巳《さくみ》

①『安土桃山時代』（総合日本史大系8）「前編安土時代　第八章　織田氏大業の挫折」内外書籍（一九二九年）

②「織田信長と明智光秀」『歴史公論』五―六（一九三六年）

大槻厚明

・「信長公の性格と本能寺の変」『織田信長公三百五十年記念講演集』一誠社（一九三一年）

牧野信之助

・『織田豊臣時代史』「第八章　本能寺の変と光秀の伏誅」日本文学社（一九三五年）

山川華一郎

・「光秀は何故信長から常に辱を与へられたか」『郷土史壇（美濃国）』一―六（一九三五年）

桑原三郎

・「本能寺の変の一起因―信長と光秀の勢力軋轢について―」『歴史地理』七三―三（一九三九年）

田中久夫

・『室町安土桃山時代史』（新講大日本史5）「四　織田信長の天下布武」雄山閣（一九四三年）

高柳光壽《みつとし》

・『明智光秀』（人物叢書）「七　光秀の叛意」、「八　光秀の境遇」吉川弘文館（一九五八年）

榊山　潤

・「小心な叛逆者光秀の悲劇」『歴史読本』昭和三十五年一月号（一九六〇年）

桑田忠親

①『織田信長』（角川新書）「一　本能寺の変の起因」角川書店（一九六四年）

②『明智光秀』「第三部二　世紀の叛逆」新人物往来社（一九七三年）
今井林太郎
・『織田信長』（グリーンベルトシリーズ）「七　雄図の挫折」筑摩書房（一九六六年）
林屋辰三郎
・『天下一統』（日本の歴史8）「本能寺の変」中央公論社（一九六六年）
白柳美彦《よしひこ》
・「インテリ武将の謀反」『歴史読本』昭和四十二年六月号（一九六七年）
服部敏良《としろう》
①『室町安土桃山時代　医学史の研究』「織田信長の性格論」吉川弘文館（一九七一年）
②『英雄たちの病状診断』「信長・光秀の性格と本能寺」ＰＨＰ研究所（一九八三年）
奈良本辰也
・「明智光秀」『戦国百人』（別冊太陽）平凡社（一九七三年）
王丸《おうまる》　勇《いさむ》
①「織田信長論」『越後地方史の研究』国書刊行会（一九七五年）
②「信長の性格分析」『歴史と人物』昭和五十年五月号（一九七五年）

土橋治重《はるしげ》
・「本能寺の変」『歴史と人物』昭和五十年五月号（一九七五年）
原田伴彦
・「戦国武将悪人十傑」『歴史と旅』昭和五十年八月号（一九七五年）
豊田　武
・『英雄と伝説』「九　信長と秀吉」塙書房（一九七六年）
岡本良一
・「謀反者光秀の誤算—本能寺の変—」『歴史と人物』昭和五十六年八月号（一九八一年）
小和田《おわだ》哲男
①『戦国武将』（中公新書）「4謀叛の論理」中央公論社（一九八一年）
②『明智光秀　つくられた「謀反人」』（PHP新書）「第六章　光秀謀反の原因は何か」PHP研究所（一九九八年）
脇田　修
・『織田信長』（中公新書）「天下人信長とその挫折」中央公論社（一九八七年）

朝尾直弘
・『天下一統』（大系日本の歴史8）「豊臣政権の成立」小学館（一九八八年）
粟野俊之
・「本能寺の変」『織田信長事典』新人物往来社（一九八九年）
高橋紀比古《のりひこ》
・「本能寺の変　未明のクーデター」『織田信長　天下布武への道』（別冊歴史読本）新人物往来社（一九八九年）
二木謙一
・『神になろうとした男　織田信長の秘密』（ワニ文庫）「第5章　本能寺の変の謎」KKベストセラーズ（一九九一年）
秋田裕毅
・『神になった織田信長』「神になった織田信長」小学館（一九九二年）
熱田　公《こう》
・『天下一統』（日本の歴史11）「第四章　暗転と継承」集英社（一九九二年）
高島幸次

・「本能寺の変の実相　光秀が期待した近江土豪連合網」『風雲信長記』（歴史群像シリーズ）学習研究社（一九九二年）
津山千恵
・『織田信長と高山右近』「第五章　キリシタン大名の時代」三一書房（一九九二年）
藤本正行
・『信長の戦国軍事学』「本能寺の変─謀反への底流─」宝島社（一九九三年）
宮本義己
・「本能寺の変─光秀蹶起の真相を検証する─」『明智光秀のすべて』新人物往来社（一九九四年）
藤田達生
①「織田政権から豊臣政権へ─本能寺の変の歴史的背景─」『年報中世史研究』二一（一九九六年）
②『本能寺の変の群像』雄山閣（二〇〇一年）
桐野作人《さくじん》
①『真説本能寺』（学研M文庫）学習研究社（二〇〇一年）

②「明智光秀と本能寺の変」『真説本能寺の変』集英社（二〇〇二年）谷口克広

・「本能寺の変をめぐる最近の研究動向」『歴史評論』六三一（二〇〇二年）

諸説の分類と解説

各文献で発表された説の紹介は次節以降で行うが、「本能寺の変研究の流れ」の章で述べた通り、高柳説が発表される一九五〇年代までは怨恨説が主流をなしている（九〇～九一頁参照）。高柳説以後、光秀の野望が共通認識としてとらえられるようになるものの、依然として怨恨説は根強く主張されている。そうした中で、光秀に謀反を決意させた直接の原因、それに至るまでの素因、謀反の名分などが論者によってまちまちである。また、少数意見ながら両説以外の説も唱えられている。それらを整理して、筆者なりの分類によってまとめてみよう。

まず次の四種類に分類する。

A…待遇上の不満、怨恨
B…政策上の対立
C…精神的理由
D…野望

最初に、Ａの「待遇上の不満、怨恨」説について解説しよう。

これまでの分類の中では、将来への不安、武道の面目を立てることなどを、怨恨と別にして扱うことが多かった。しかし、不安と不満、不満と怨恨、怨恨と面目立ての区別などは、当の光秀しかわかりようがない。ここでは、信長に対する光秀の個人的な理由ということで括ってしまいたい。ただし、二人の性格不一致や光秀の精神的障害といった精神的理由によるという説は、直接の動機とはいえないので、ここには入れず、Ｃの精神的理由として別にしたい。

前述の通り、江戸時代を通じて様々な怨恨が語られており、研究家の中にもその一部を肯定する者がいる。さらに信長・光秀両者の当時の状況を検討した上で、新たな不満・怨恨を推測する研究もある。したがって、次の通りに細分してみる。

①主君信長に対する信頼感の欠如
②しばしば行われた侮辱による怨恨
③八上《やがみ》城攻めに際して、母を見殺しにされた怨恨
④所領没収、出雲《いずも》・石見《いわみ》国替《くにが》えに対する不満
⑤信長家臣としての将来に対する不安

いちおうこのとおりに細分して分類したものの、①と⑤との分類など難しいケースが多い。筆者の主観がかなり入っていることをおことわりしておきたい。ともかく、先に抽出した文献に基づいて、この「待遇上の不満・怨恨説」を採る研究家をあげると次の通りである。なお、原因・動機を一つに絞り込んでいない者は、二ヵ所以上に名をあげることにする。

①今井林太郎、脇田修、粟野俊之
②幸田成友、徳富蘇峰、田中義成、大槻厚明、牧野信之助、山川華一郎、田中久夫、桑田忠親、王丸勇、岡本良一
③大町桂月、小酒井儀三、花見朔巳、田中久夫
④桑原三郎、桑田忠親、奈良本辰也、土橋治重、豊田武
⑤渡辺世祐、花見朔巳、桑田忠親、服部敏良、二木謙一、藤本正行、宮本義己、藤田達生、桐野作人、谷口克広

一九四〇年前後までは②③の怨恨という考え方が主流だったが、その後は、恥辱によって「準備状態を高めた」と素因づくりに採用している王丸氏を除くと、桑田氏・岡本氏のみである。④も同じく、次第に歴史的事実として認める者が少なくなっているようである。

逆に支持する者が近年増えているのが⑤である。ただし、各氏があげている不安材料は様々である。その中で目につくものは、一つは急速に台頭してきた秀吉の存在を意識したというもの（桑田・服部・二木・宮本・藤田）、もう一つは信長の四国対策の転換が引き金になったというものである（藤田・桐野・谷口）。また、藤本氏の見解は、近いうちに予測された九州転封に怯えたというものである。

次に、Bの「政策上の対立」説の解説に移る。

これは、信長の悪政を見兼ねて立ち上がったという説である。信長の悪政といっても様々あり、要するに光秀の求める政道からはずれる行為が多く、ついに光秀がたまりかねて信長を除こうとした、ということである。Aとちがって公的な理由ということになるが、実際にはA①とは紙一重の相違といえる。

A⑤の中の四国対策の転換をめぐる対立は、「政策上の対立」の一つともいえるが、それによって光秀が将来への不安を抱いたという私的要素のほうが強いだけに、ここには含めない。

信長の行為の中で、光秀が「悪政」と判断したものとしてあげられているのは、次の事項である。論者とともに紹介する。

①平姓でありながら将軍任官を求めている信長を、源氏土岐氏の立場から許し難かった（小和田哲男）。

②信長の自己神格化は天に背く行為として許し難かった（秋田弘毅）。

小和田氏は、①にあげた行為だけでなく、度重なる信長の悪政・横暴を阻止しようとしたものとして、自説を「信長非道阻止説」と呼んでいる（小和田②）。それに倣うと、秋田氏の説は「自己神格化阻止説」ということになろうか。とりあえず、そのように呼ばせていただく。

また、津山千恵氏は、具体例をあげてはいないが、信長を「残酷な暴君」で多くの者が反感を持っている、と光秀が判断した、と述べている。一方、高島幸次氏は、光秀の謀反の背景に見える近江土豪《おうみどごう》連合網に注目し、「織田政権の近江分封支配に対する土豪ネットワークの反発」について述べている。両説とも、この「政策上の対立」の中に置いておきたい。

さて、次はCの「精神的理由」である。

元来信長と光秀とは著しく性格が合わず、謀反はそうした素因によるところが大きいとする説、また、神経質な光秀が当時ノイローゼなどの精神的疾患にかかっていたとする説もある。

便宜上「精神的理由」として括ったものの、二人の性格の相違と光秀個人の病気とでは、本質的に異なった原因といえるので、ここははっきりと二つに分けることにする。

①性格不一致

②光秀の精神的疾患

①の「性格不一致」説は、かなり早期から唱えられている。徳富蘇峰・小幡豊信・斎藤養沼の各氏が一九二〇年代までに触れ、その後も、榊山潤氏・林屋辰三郎氏・豊田武氏・朝尾直弘氏が謀反の原因ないし素因としてあげている。林屋氏は、信長にとって、光秀が追放した将軍義昭と重なって見えたのではないか、という推測を述べている。謀反の原因としてはあえて取り上げていない研究家にしても、信長と光秀との性格の相違については認めている者が多く、謀反の素因と考えるのがむしろ一般的なようである。

さて、②の「光秀の精神的疾患説」だが、最初に光秀の精神的疾患に注目したのは服部敏良氏である。しかし服部氏は、光秀を「抑鬱型《よくうつがた》精神病質人」的な性格とするにすぎず、原因としては四国対策をめぐる光秀と秀吉との確執を強調しているので、A⑤のほうに分類した。

もっと強く光秀の精神的疾患を主張したのは、王丸勇氏である。ただ王丸氏は、怨恨説を否定せず、怨恨が主となって準備状態が作られ、その後のテンション・ステート（ノイローゼの初期の神経症）によってその怨恨の意識が高められた、という見解である。

服部氏・王丸氏、ともに専門は医学である。二人とも医学者特有の見解だといえよう。二人の医学者のほかに、純粋に史学の研究家である二木謙一氏も「光秀の精神的疾患」説である。二木氏ははっきりと光秀の「ノイローゼ的反抗」とし、ノイローゼの原因として、信長に見捨てられて乱世を生き抜く自信を失ったことをあげている。

王丸氏にしても、二木氏にしても、服部氏よりは光秀の精神的疾患を強調してはいるけれど、怨恨ないし不安が直接の原因であるとしている。精神的理由が素因を作ったということは、①の場合と同様である。したがって、王丸氏の説はA②と、二木氏の説はA⑤と重複させて置いておく。

最後に「野望説」を取り上げよう。

ひと口に「野望」といっても、『惟任謀反記《これとう》』『豊鑑《とよかがみ》』『イエズス会日本年報』にあるように、もともと光秀は野心家であり、その野心を秘めてずっとチャンスをうかがっていたとする本質的野望説、千載一遇のチャンスに出会い、にわかに野望が頭をもたげて行動を起こしたという突発的謀反説の両方がある。

戦国武将であれば、多かれ少なかれ天下取りの野望を持ち合わせていただろうし、また、変の直前における信長の様子や織田諸将の状況を見れば、またとないチャンスと悟って光秀が決断したということは明らかである。これらのことについては、怨恨説などを採る論者でさえも否定してはいない。したがって、本質的野望説と突発的野望説に分けることは、意味をなす分類とは思えない。ここはあえて分けないでおく。

「野望説」は、早くは徳富蘇峰氏が触れ、その後、高柳光壽氏が丹念に「怨恨説」を潰してゆくことにより、主流として認められるようになった説である。信長に対する光秀の怨恨などなかった、あったとしても光秀の行動を左右するようなものではなかった、というのが「野望説」の条件といえる。

徳富氏だけでなく、小酒井儀三・小幡豊信・牧野信之助の各氏も、高柳氏に先んじて野望説を唱えているが、いずれも怨恨説や性格不一致説と併せてのものだから、ここには入れない。高柳氏以後の岡本良一氏・脇田修氏・栗野俊之氏も同様である。先の条件に合致し、純粋に「野望説」といえるものは高柳氏のほか、白柳美彦氏・高橋紀比古氏・熱田公氏、それに読売新聞社発行の『日本の歴史 7 天下統一』（執筆者代表　岡田章雄・豊田武・和歌森太郎、一九五九年）であり、数からいうとそう多くはない。

さて、大きく四種類、細分化すると十二に諸説を分類したが、先にことわった通り、重複して入れた研究家が何人もいる。光秀の謀反がたった一つの理由からではないと考えることはむしろ自然であり、それをどこか一ヵ所に押し込めてしまうこと自体、無理であろう。同じ名が重なることは当然のことであり、そのほうが各研究家の説のより正確な紹介になると思う。

待遇上の不満・怨恨説の再検証

明智光秀の謀反の原因と考えられていることのうち、まず前節で分類したA「待遇上の不満・怨恨説」について再検証してみよう。

主君信長に対する信頼感の欠如

最初にA①の「主君信長に対する信頼感の欠如」を取り上げるが、これに関しては検証がたいへん難しい。

それは第一に、同じAの中の⑤「信長家臣としての将来に対する不安」、あるいはBとして分類した「政策上の対立」、ないしC①の「性格不一致」との区別がかなり難しいことである。この説を採っている論者にしても、必ずしもそのあたりを厳正に分けて論じているとはいえないようである。

第二に、信長に対する光秀の不信感という内面的な現象を確実な史料から探るのは困難、ということである。

困難を承知で取り組んでみたが、次の二点の否定材料がまず目に付いたのであげておこう。

ア、天正九年（一五八一）六月二日付け、明智光秀家中軍法（『御霊神社文書《ごりょうじんじゃ》』）

イ、『津田宗及《つだそうぎゅう》茶湯日記　他会記』天正十年一月七日条

アは、奇しくも本能寺の変のちょうど一年前になるが、光秀自身が定めた明智軍の規定である。全十八条から成り、知行高《ちぎょうだか》ごとの軍役の内容、兵糧《ひょうろう》・武具、果ては挨拶に至るまで詳細に定めている。そして、その末尾に次の意味の文言がある。

「自分は石ころのような落ちぶれた身だったのが、莫大な兵を預けられる地位になった。その上は法度を糺《ただ》し、無駄を省き、主君のため粉骨を促すため、この軍法を定めるのである」

イには、光秀主催の茶会の様子が記されている。用いた茶道具が記録される中、

「一　床ニ上様（信長）之御自筆之御書、カケテ」

つまり、床の間には信長自筆の書がうやうやしく掛けられていたのである。

これらを見る限りでは、よく言われるように二人の性格が違っていたとしても、光秀は主君信長を畏敬していた、という様子がうかがえる。それに対して、光秀の信長不信を暗示する一次史料は、筆者の知る限り見当たらないのである。

かといって、謀反を起こす直前になって、にわかに不信感に陥った、という可能性も否定できない。先に言ったように、こうした内面的現象を客観的史料によって実証するのは難しいのである。

しばしば行われた侮辱による怨恨

次に、A②「しばしば行われた侮辱による怨恨」、つまり、むかしから光秀の怨恨とされてきたものを再検証してみよう。

この類いの話は、江戸時代に書かれたいろいろな本に載せられたもので、一口でいうと光秀に対する信長のいじめである。高柳氏によってことごとく否定されたものだが、一部に限っては、その後再び謀反の動機として復活しているものもある。出典とともに紹介しておこう。

ア、家康饗応の準備に手抜かりがあったということで、信長から折檻《せっかん》を受けたこと（『川角《かわすみ》太閤記』ほか）。

イ、家康饗応の準備に精を出していたのに、信長が突然役目を取り上げ、中国援軍を命じたこと（『太閤記』『本朝通鑑続編《ほんちょうつがん》』ほか）。
ウ、家康饗応の準備中、信長の命令に対して光秀が口答えをしたので、怒って足蹴《あしげ》にしたこと（フロイス『日本史』）。
エ、光秀家臣の斎藤利三《としみつ》をめぐって、旧主稲葉一鉄《いなばいってつ》から訴えを受けた信長が光秀に利三の返還を迫り、それを断った光秀に乱暴を働いたこと（『稲葉家譜』『本朝通鑑続編』ほか）。
オ、武田氏を滅ぼした後の陣中で、光秀が「骨折った甲斐があった」と言ったのに対し、怒った信長が乱暴を働いたこと（『祖父物語』）。
カ、庚申待《こうしんまち》の夜の酒宴の最中、小用に立った光秀に対し、信長が難癖をつけて槍（あるいは刀）を突き付けたこと（『義残後覚《ぎざんこうかく》』『柏崎物語《かしわざき》』ほか）。
ア・イ・オ・カは、すでに高柳氏がその著書『明智光秀』の中で否定している。そして、その後、謀反の動機として取り上げられたことはない。思うに、この類いの怨恨が謀反の引き金になるならば、信長の命がいくつあっても足りないだろう。そこから光秀ノイローゼ説も出るのだろうが、根拠としては薄弱である。

ウは、桑田氏が著書『明智光秀』（一九七三年）の中で、高柳氏の野望説への反論の根拠として示した史料である。ア・イ・オ・カと違い、史料の性質・信憑性からいっても捨て切れない。ただ、なぜ信長と光秀の諍いがあったかという点では、多様の解釈が可能である。桑田氏はこの諍いを家康饗応と繋げているが、ずっと後になって桐野作人氏は、信長の四国攻めをめぐる主従の争いと推測している（桐野①）。

エについても捨て切れない。桐野氏は、『信長公記』の記事のほか『稲葉家譜』の記事とその所収文書をあげて、斎藤利三が初めは稲葉一鉄の家臣か与力《よりき》だったこと、その後、稲葉の下を離れて光秀に仕えたこと、稲葉が信長に利三の帰参を訴えていたことについて述べている（桐野②）。

『稲葉家譜』の所収文書というのは、（天正十年）五月二十七日付けで、信長の側近堀秀政が、稲葉貞通《さだみち》（一鉄の子）および那波《なは》直治に宛てた二通の書状である。内容は、利三と同じく稲葉から光秀に転仕した那波直治を稲葉に返す、という信長の裁定を伝えたものである。直接利三に関係するものではないが、利三の立場が微妙なものであったことを物語っている。

つまり、先にあげたア〜カのうち、ウ・エは否定することなく、後の検証まで保留しておくことにしたい。

③「八上城攻めに際して、母を見殺しにされた怨恨」はどうであろうか。

この話は、まず『総見記《そうけんき》』に書かれ、後に『柏崎物語』もそれに倣っている。その話を信じて取り上げた説である。

八上城攻めに際して、母を見殺しにされた怨恨

『総見記』というのは「再現　本能寺の変」の章で解説した通り、変から百年以上もたって成立した本で、史料価値の乏しいものである（二一八頁参照）。信憑性の高い『信長公記』では、光秀の兵糧攻めにより餓死者が大勢出たのに籠城《ろうじょう》を続ける城主波多野《はたの》秀治《ひではる》を見限って、城兵が城主と弟たちを捕らえて降参したことになっている。そして、その兵糧攻めが進んでいる状況は、四月四日付けの光秀書状（『下条文書』）でも確かめられる。つまり八上城攻めでは、母親を人質にする必要などまったくなかったのである。

戦国らしく悲惨な、読者に訴えるストーリーなので、小説などではよく取り上げられているが、事実でないことははっきりしている。研究家にしても、一九五〇年以降は、この話を変の動機として採用する者はいない。

所領没収、出雲・石見国替えに対する不満

さて、④「所領没収、出雲・石見国替えに対する不満」はどうか。

この説は、「本能寺の変研究の流れ」の章でも触れた通り、一九三九年に桑原三郎氏が唱えたのを嚆矢《こうし》とする（九一頁参照）。光秀国替えの記事を載せているのは『明智軍記』だけなので、それまで研究家たちは無視していたのだが、桑原氏はそれを事実として裏付ける一次史料を紹介したのである。旧丹波の旧家に伝わった『人見文書』で、すでに四国討伐軍司令官に任じられている神戸《かんべ》信孝《のぶたか》の指令書である。読み下しにして全文を紹介する。

丹州より馳走候国侍組々の兵粮料・馬の飼・弓矢・鉄砲・玉薬、これを下行すべし。船は組合人数次第、中船・小船の行相《てだて》断り、これを請取るべし。海上の遅早は、著岸の相図を守るべく候。陸陣中場の儀、下知に任すべく候なり。

天正十年五月十四日　　　　　　　　　　　　信孝（花押）

丹州国侍中

つまり、信孝が丹波《たんば》の国人《こくじん》・土豪に対し、軍役を課した文書である。兵糧・馬の飼料・武器などすべて下賜するから身だけで港まで来い、ということである。

これをもって桑原氏は、光秀の領国だった丹波はすでに召し上げられており、信孝に与

えられていた、としているのである。しかも、この説は後に桑田忠親氏に引き継がれ、桑田氏も数々の怨恨のうちの有力なものとして扱っている（桑田②）。

だが、反論もある。反論のうち、この文書の真偽にまで言及しているのが、染谷光廣氏の「本能寺の変の黒幕は足利義昭か」（『明智光秀　野望！本能寺の変』新人物往来社、一九八九年）である。染谷氏はここで、信孝の花押《かおう》が当時使用したものと異なるとし、文書の内容にも疑問を呈している。

筆者も、この文書（東京大学史料編纂所所蔵影写本）の花押と他の信孝発給文書（やはり同所所蔵影写本）の花押とを比較してみたが、たしかに形はかなり違う。他の信孝花押に比べて、幅がなくてずんぐりしているのである。

しかし、筆者の見る限り、変以前の信孝文書は当該文書だけで、他の文書というのはすべて変以後のものなのである。変を境に花押が変わるということもありうるし、また、ずんぐりしてはいるものの、当該文書の花押と他の文書の花押とは同系統といえる。旧家に伝わってきた段階ですでに写本であり、その写本が花押を正確に写さなかったという可能性もある。

文面に関しては、文章・形式、特に偽文書らしいところは見当たらない。例えば先に引

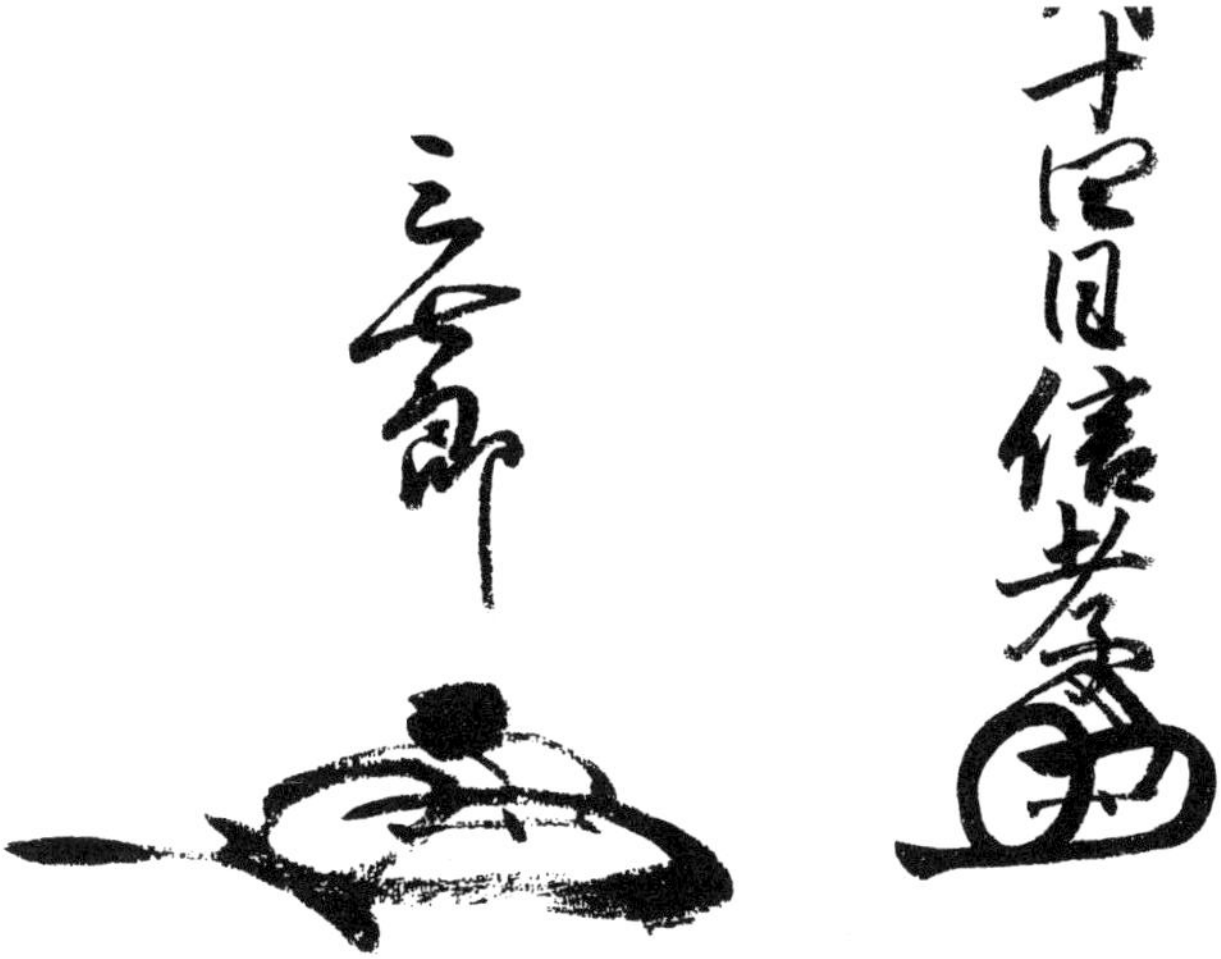

a：「人見文書」天正10年午5月14日付

b：「立政寺文書」天正拾年6月日

図13　信孝の花押（a b とも東京大学史料編纂所蔵）

用した『別本川角太閤記』にある小早川隆景《たかかげ》宛て光秀書状とか、『太閤記』『武功夜話《ぶこうやわ》』に収められた数々の文書などは一目瞭然で偽文書だとわかるが、この文書は、もし偽文書だとしたら、相当に当時の武家文書を知悉した者の作とせねばならない。断言はできないが、この文書は真正なものであろう。

かといって、筆者は、『明智軍記』の国替えの記事を肯定するものではない。『明智軍記』の記事は、次の二点により否定されなければならない。

一点目は実に単純なことである。本能寺の変・山崎《やまざき》の戦いと、この後明智軍が動くが、その軍勢の中に丹波《たんば》国《くに》衆《しゅう》たちが大勢いるのである。だいたい丹波・近江志賀《しが》郡を没収された光秀が、一万三千といわれる軍勢を率いて本能寺の変を起こせるはずがないではないか。

二点目は、信長の新領宛行《あてが》いのやり方に関することである。これまで信長は家臣に、しばしば未征服の地を宛行ってきた。だが、その時は、必ず本領をしばらくの間安堵《あんど》している。簗田広正《やなだひろまさ》への加賀宛行いにおける尾張九坪《おわりくのつぼ》、滝川一益《かずます》への上野《こうずけ》および信濃《しなの》二郡宛行いの時の伊勢長島などがその例である。天正三年に光秀が丹波、同五年に秀吉が播磨《はりま》に派遣されるのは、平定後の宛行いを約束されたものであろうが、完全に平定を終えて正式に宛行いを受けても、彼らの本領近江坂本《さかもと》と同じく長浜《ながはま》はそのまま領有を許されている。

本領が収公されたケースもある。天正三年、柴田勝家が越前《えちぜん》に移された時、それまでの近江長光寺《ちょうこうじ》はすぐに取り上げられている。また、天正九年のうちに、佐々成政《さっさなりまさ》に越中《えっちゅう》、前田利家に能登《のと》が与えられるが、それまで二人が封じられていた越前府中《ふちゅう》近辺は没収されている（楠瀬勝「佐々成政の越中への分封をめぐって（一）—織田政権論のために—」『富山史壇』五六、五七、一九七三年）。柴田・前田の場合は、すでに新領の平定は終わり、国内は安定を取り戻していた。しかし、佐々の越中はまだ上杉氏との競合中だった。したがって、佐々の場合のみ例外といえるのだが、それでも十分に越中制圧の目途がついてからの国替えである。光秀における出雲・石見とはまったく事情が違う。

以上により、光秀の国替えという『明智軍記』の記事は、ありえないこととして否定せねばならない。

では、『人見文書』をどう解釈すればよいのか。それについては、イエズス会の『一五八二年度日本年報追信』に次の文言がある。

「彼（信孝《のぶたか》）の兵は各地から集まった人々であったから、反乱（本能寺の変）を知るとたちまち大半の兵は彼を見棄てた」

信孝の領地は、当時伊勢国内のおよそ二郡にすぎない。同じ伊勢の信雄《のぶかつ》領をはじめ各国から応援の兵が募られていたものと思われる。五月十四日に信孝より指令を受けた「丹州国侍」というのは、そうした応援部隊、つまり丹波国衆の一部にすぎないのではなかろうか。

Aの最後として⑤「信長家臣としての将来に対する不安」を取り上げるが、これに関しては、A①「主君信長に対する信頼感の欠如」、B「政策上の対立」、C①「性格不一致」との区別が難しい。単に論者の表現上の差にすぎないかもしれない。例えば渡辺世祐氏の論述などは、「近時稍《や》や冷遇されんとする」としながら、本来謀略に富んだ光秀が冷酷な信長の下で我慢できるはずがない、と短絡に結び付けているにすぎない。ニュアンスとしては、「主君信長に対する信頼感の欠如」「性格不一致」といった要素も感じられる。

信長家臣としての将来に対する不安

このように、一口に「将来に対する不安」と括《くく》ってみても、論者間には認識差があることは否めない。しかし、そうした中で、光秀の「将来に対する不安」を誘発した原因に関しては、近年はっきりした傾向が見られる。

それは、第一に、信長の四国対策の転換をめぐる光秀の苦悩、第二に、羽柴秀吉と光秀との競合ないし対立に焦点が当てられてきたことである。そして、さらにこの二つを合体させる動きも見られる。

四国の長宗我部《ちようそかべ》氏に対する信長の態度が次第に硬化し、ついに四国討伐にまで進むことにより、両者の間に立っていた光秀の立場が苦しいものになってきた。これを本能寺の変と結び付けることは、早くから徳富蘇峰氏が提唱している。その後も、高柳氏が野望説の中で、桑田氏が怨恨（武道の面目立て）説の中でこれについて触れている。近年になって、宮本義己・藤田達生・桐野作人の各氏も、変の有力な原因として扱うようになった。

比較的早期に、この四国対策転換を光秀と秀吉の競合という要素と合体させたのは、服部敏良氏である。服部氏は、光秀の性格を「抑鬱型精神病質」とする一方、長宗我部氏と対立する三好氏を支援する秀吉への反感を強めたとしている。信長よりも秀吉への敵意が変の源という論である。服部氏の提唱した、四国対策をめぐる長宗我部―光秀ラインと三好―秀吉ラインの対立という構図は、後に藤田達生氏に引き継がれ、足利義昭《よしあき》関与（黒幕）説の伏線になっている。

藤田説に対して桐野作人氏は、光秀が対抗の形となったのは、秀吉よりもむしろ、四国討伐を押し進めようとする信長・信孝であるとする。四国に対して強硬な姿勢を持つ信孝に信長が動かされ、四国対策を転換せざるをえなかったというのである。そして、長宗我部氏と縁戚関係（義妹が元親の正室）にある斎藤利三が最も先鋭的立場におり、主君の光秀を動かしたと論じている。

三好―秀吉ラインの検証

藤田氏と桐野氏とのずれは、秀吉の甥である後の秀次《ひでつぐ》が三好家に養子に入った時期の判断によって生じている。すなわち、四国対策転換のあった天正九年以前に彼が三好康長《やすなが》の養子であれば、藤田氏の言うように三好―秀吉ラインができているということである。この件について検証してみよう。

秀吉の姉の長男、後の秀次が三好康長の養子に入ったことについては、諏訪勝則《まさのり》氏の詳細な考察がある（「織豊政権と三好康長―信孝・秀次の養子入りをめぐって―」『戦国織豊期の政治と文化』続群書類従完成会、一九九三年）。それによると、秀次が康長の養子であることを示す確実な初見史料は、（天正十年）十月二十二日付けの、下間頼廉《しもつまらいれん》宛て秀吉書状である。そこに載せられた根来《ねごろ》へ向かう軍勢の中に「三好孫七郎（秀次）、同山城守（康長）」とある。

ところで『因幡民談記《いなばみんだんき》』には、秀次（当時御万）が鳥取城攻めの頃、秀吉に与力として付けられている宮部継潤《けいじゅん》の養子になっていたという記事がある。そして、それを裏付ける次の史料が存在する。『上坂文書　箱中古筆判鑑』という、知行宛行状のリストである。

知行として、七拾石進め候之折紙

天正九　　宮部次兵衛尉

五月廿一日　　　　　　　　　　　　吉継（花押影）

村山与介殿

御宿所

秀次が「次兵衛」を名乗ったことがあるのは、『宇野主水日記《うのもんど》』天正十三年九月三日条の次の記事で確かめられる。

江州一ケ国南北次兵衛殿へ之を遣わさる

この頃すでに秀次は、「孫七郎信吉」を経て「孫七郎秀次」になっているのだが、「次兵衛」で通用しているのである。

『惟任謀反記《これとう》』に目を転じると、山崎の戦い後の近江鎮圧の記事の中に、次の文言がある。

「則ち、宮部次兵衛尉・中村孫平次一氏を遣わし、阿閉《あつじ》の一類、ことごとく磔《はりつけ》に懸るものなり」

この「宮部次兵衛尉」が、当時十五歳になっている秀次であることはまちがいなかろう。『惟任謀反記』が変の後いくばくもないうちに書かれたものであることを考えれば、変以前には、まだ秀次は三好氏の養子になっていない、と結論づけざるをえない。つまり変以前の段階では、三好—秀吉ラインなどなかったのである。

政策上の対立説・精神的理由説・野望説の再検証

政策上の対立説

前節で述べた四国対策をめぐる葛藤は、織田信長と明智光秀との「政策上の対立」が発端《ほったん》になっている。だが、その政策によって光秀が将来に不安を覚えたということで、A⑤に含めることにした。B「政策上の対立」説では、「本能寺の変の原因についての諸説」で紹介した次の二説について再検証しよう。

①平姓でありながら将軍に任官しようとするなど、度重なる信長の悪政・横暴を阻止しようとした（信長非道阻止説、小和田哲男氏）。

②信長の自己神格化を許すことができず、打倒しようとした（自己神格化阻止説、秋田弘毅氏）。

なお、先には、津山千恵氏・高島幸次氏の説も紹介したが、両説ともいわば謀反を成就させる条件が整っていたということにすぎず、謀反の動機とはいえないので、ここでは割愛させていただく。

まず①から再検証しよう。

小和田氏は『戦国武将』（中公新書、一九八一年）の時点では、ひたすら「平姓将軍阻止説」である。『明智光秀』（PHP新書、一九九八年）になって、その他の「信長の非道」として次の四項を加えている。

ア、正親町《おおぎまち》天皇への譲位強要、皇位簒奪計画

イ、公的な暦である京暦への口出し

ウ、現職太政大臣近衛前久《さきひさ》への暴言

エ、国師快川紹喜《かいせんじょうき》を焼き殺したこと

結論から言うと、将軍阻止説も含めて、いずれも根拠としては弱いと言わねばならない。まず「平姓将軍阻止説」だが、「三職推任」の事実が示す通り、平姓将軍は公認済みと見なしてよいだろう。自分が源氏である土岐《とき》氏の流れだからといって、光秀がむきになって阻止しようとするものではあるまい。

そもそも征夷大将軍＝源氏という形式が周囲の意識の中に定着したのは、江戸時代になってからである。それに、信長が藤原姓から平姓に改めたり、秀吉が新たに豊臣姓をつくったりしている事実が示す通り、終生「姓」に縛られるということはない。

三職推任《さんしきすいにん》に対して、信長はさして興味を示さなかった。将軍位に就くことに執念を燃やしたとする説もあるが、筆者は採らない。最後の上洛の際に、三職への就任に対する返事が予定されていたといわれているが、先に述べた通り、それはなかったと思う。そのように実現の可能性の乏しい信長の将軍就任に対して、光秀が謀反という形をもって阻止しようとするなど考えられないだろう。

アについては「関与・黒幕説の再検証」の章で、諸説、検証を行った通りである（一二一～一二三頁参照）。信長が天皇に譲位を強要した、とする論者は多いが、定説にはなっていない。いわんや皇位簒奪《さんだつ》計画などという大それた企てがあったなら、五宮（誠仁《さねひと》親王の第五皇子）を猶子にしたこと以外にもその跡が辿れるはずである。

イについても「再現　本能寺の変」の章で述べた（一一～一四頁参照）。小和田氏だけでなく、時の支配者＝天皇→暦への口出し＝天皇大権の侵害、という図式がしばしば主張される。だが、当時の天皇に対し、このような意識が世間にあっただろうか。暦に関しても、近畿を少し離れると、平気で地方暦が使用されている。京暦の権威はすでに弱体化しているのである。

それに口出ししたとはいっても、信長は強引に自説を押し通したわけではない。安土《あづち》に京暦作成者と地方暦の作成者を呼んで、討論させている。公平な姿勢を貫いているのである。信長としては、せめて自分の勢力圏内では暦を統一させたい、という意識が強かったにすぎない。先に触れた通り、もしも六月一日、公家《くげ》たちの目の前で京暦になかった日食が起こったのだとしたら、不信の念を表明するのはむしろ当り前ではなかろうか。

ウは、立花氏が「朝廷関与（黒幕）説」で近衛の関与の動機としてあげている事件である。しかし、信長が近衛に対して暴言をはいたという記事は、『甲陽軍鑑《こうようぐんかん》』だけのものなのである。そのまま信じるわけにゆかないのはいうまでもない。一歩譲って、そうした事実があったとしても、そんなことが信長打倒の動機などになるものだろうか。

エについては、延暦寺《えんりゃくじ》焼き討ちなどと同様、信長の「非道」としてよくあげられる。しかし、信長の寺院焼き討ちなど、確実ではないものも入れると枚挙に暇がない。恵林寺《えりんじ》焼き討ちもその一つにすぎない。住持の快川紹喜は、たしかに天皇から国師号を賜った高僧である。それを焼き殺すのは「非道」といえばその通りだが、果たして光秀の信長打倒の動機になりうる性質のものだろうか。大勢の高僧のいた延暦寺を焼き討ちする時、光秀はその準備に精を出すなど、率先して活動しているのである（『和田頴一家文書』）。

小和田氏は、自論の裏付けとして、変当日のうちに光秀が発した西尾光教《みつのり》宛ての書状をあげている（小和田②）。そこには、たしかに「信長父子の悪逆は天下の妨《さまた》げ、討ち果たし候」と書かれている（『武家事紀』所収文書）。

謀反を起こした光秀には、当然大義名分がなければならない。信長の個性は、周囲の者、特に公家たちの顰蹙《ひんしゅく》を買うことが多かったことはたしかである。そうした風評は、織田家中の者も心得ていた。光秀がここで「悪逆《あくぎゃく》」という語を用いたのは、その風評に乗って唱い上げた大義名分と考えたほうがよいだろう。

②の「自己神格化阻止説」に移ろう。

信長の自己神格化についても、すでに検討した（一三六〜一三八頁）。そして、このテーマも定説にはなっていないことを述べた。秋田氏は自分を神格化することによって、信長が天皇を凌駕する存在を目指したという論であり、皇位簒奪計画よりもっと過激な説といえる。①のアと同様、それほどの計画ならば、必ずその跡が宣教師の書簡以外の文献史料にも残るはずである。自己神格化が肯定できない以上は、「自己神格化阻止説」は成り立ちようがない。

精神的理由説

①の「性格不一致」説は、謀反の原因はほかにある、と唱えている研究家でも、謀反の素因としては肯定している、というケースが多い。江戸時代からさんざんに酷評されてきた通り、信長といえば短気、気まぐれ、傲慢、残忍、人を人とも思わぬ酷薄無惨な男とされている。それに対して光秀は、教養人で常識家、そして、小心で神経質な男だったという。

信長が天才的ひらめき、果断な行動力、慣習にとらわれない英知の持ち主である反面、性格的にはいろいろな欠陥を持ち合わせている男であったことはまちがいない。また、光秀が教養に富み、繊細な神経を持った常識人だったことも、いろいろと伝わっている逸話のみならず、発給文書などを見ても想像がつく。しかし、彼ら二人とも、そうした個性がとかく極端に語られがちである。

一九九五年にＮＨＫテレビで放映された『ライバル日本史』で、信長と光秀の心理状態から本能寺の変を解明しようとした試みがあった。二人のエコグラム（心理テストの一種）を分析して著しい相違を指摘し、最後に、光秀がここで謀反を起こすのは当然のこと、という結論を出していた。

専門外の者にしてみれば、心理学上の分析が果たしてこのように断言可能なものなのか、とはなはだ疑問を覚える。だが、信長・光秀の両方に極端すぎるデータを入れると、このような結論が導き出せるのかもしれない。

二人の性格の違いが本能寺の変の素因になったという説は、否定はできない。だが、直接の引き金もないのに、光秀が謀反にまで飛躍した、とまでは考えられない。

②の「光秀の精神的疾患」説はどうか。

王丸氏の言う「テンション・ステート」の状態にしろ、二木氏の唱えるもう一段重症の「ノイローゼ」にしろ、それを強調するならば、半ば破れかぶれの反抗ということであろう。だが、謀反の直前の光秀の行動からは、そのような様子がうかがえない。

光秀は謀反の直前に愛宕山《あたごやま》に参詣して、勝軍地蔵《しょうぐんじぞう》に自らの武運を祈り、さらに西坊にて連歌会《れんがかい》を催している。本能寺を襲うわずか三日前のことである。連歌会の席で詠んだ歌は、論者によって解釈こそ異なれ、古典の教養がちりばめられた質の高い作品である。神経の異常どころか、大事を前にした精神の高ぶりすら感じられない。非常に冷静な心境だったとさえいえる。ノイローゼのような精神的疾患の跡はまったく見られないのである。

野望説

光秀の主な動機が信長への怨恨にあるにせよ、将来への不安であるにせよ、また政策面での不調和であったとしても、その半面、光秀自身にも天下取りの「野望」があったということは否定できない。要は、光秀を謀反へと駆り立てた原動力になったものが「野望」であるかどうか、ということである。これについて実証するためには、一つは光秀の「野望」を可能な限り文献史料によって確かめること、もう一つは「野望」に勝るような動機がすべて否定されること。以上二つの条件の一方でも成立することが必要であろう。

一つ目の文献史料から見てみよう。

光秀の野望について触れた史料はいくつもある。しかも、比較的良質な史料、つまり変からさほど時を経過していない時期に書かれたものが多い。まずそれらを引用してみよう。

（光秀は）備中に下らずして、密かに謀反を工《たくら》む。併《しか》しながら、当座の存念にあらず。年来の逆意、識察するところなり　（『惟任謀反記《これとうむほんき》』）

（光秀は）かく時めき富盛りしに、なおあきたらず日本をし（知）らんとて、信長を討し事、欲心道をそこない名をけがすこと浅ましともいわん方なし　（『豊鑑《とよかがみ》』）

明智、亀山《かめやま》の北愛宕山のつつきたる山に、城郭を構う。この山を周山《しゅうざん》と号す。自

らを周の武王《ぶおう》に比し、信長を殷紂《いんちゅう》に比す。これ謀反の宿志なり

（『老人雑話《ろうじんざつわ》』）

或時筑前守（秀吉）、明智に言う様は、わぬしは周山に夜普請《ふしん》をして謀反を企つと人皆言う、如何と。明智答えて言う。やくたいも無きことを言うやとて笑いて止みにけりとぞ

（同）

その他、江戸時代中期以降に成ったものは省略しよう。引用した三史料は、いずれも比較的信憑性の高いものばかりである。特に『惟任謀反記』は、変からいくばくもたっていないうちに書かれたものである。『老人雑話』にしても、変当時すでに少年期に達していた者の聞き書き。内容も参考になる記事が多い史料である。

しかし、ここで気をつけなければならないことは、まず著者の意図である。『惟任謀反記』の著者大村由己《ゆうこ》は秀吉の右筆《ゆうひつ》である。そして、これを書いたのは、秀吉の命令による。いわば、秀吉の功績の宣伝書なのである。『豊鑑』にしても、その著者は竹中半兵衛の息子重門《しげかど》。書かれたのは江戸時代なのだが、やはり秀吉の天下を正当化しようという意識は拭《ぬぐ》い切れない。

『老人雑話』は、江村専斎《せんさい》が語ったことを門人が筆録したもの。京都の儒医、しかも変当時十八歳にすぎなかった専斎が、光秀や秀吉の会話まで直接見聞しているわけがない。

単なる噂話を記憶していたのだろう。

文献史料から光秀の野望を探ろうという企ては、残念ながら成り立たない。文献史料というならば、むしろ先に述べた通り、謀反の一年前の「家中軍法」作成の時、さらに約五ヵ月前の茶会の時の光秀の信長に対する敬意のほうが確かである（二〇四頁参照）。「年来の逆意」の持ち主などという非難は当たらないのではなかろうか。

「年来の逆意」はなかったにしろ、五月末の情勢を眺めた時、光秀の心にムラムラと叛意が沸いてきた。謀反を起こせば、必ず信長と信忠を倒すことができる、天下取りのチャンスがすぐそこにある。突発的に光秀の心に逆意が襲ったことは、容易に考えられる。だが、その情勢を眺めるだけで、果たして一気に謀反にまで飛躍したのか大いに疑問である。

次は二つ目の試み、つまり野望に勝る動機があったかどうかを探る仕事である。見当たらなかったら、「野望」説が最も有力ということになる。

ここまで再検証を進めてきて、多数の説を消去してきた。しかし、消去しきれなかった説もいくつかある。次にまとめてみよう。

A①主君信長に対する信頼感の欠如
A②しばしば行われた侮辱による怨恨

A⑤信長家臣としての将来に対する不安

C①性格不一致

これらの説のうち、A①およびC①は、素因を形作った可能性がある、として残した説である。謀反の引き金になったというわけではない。

A②はさらにいろいろな説に分かれており、それに含まれるウ（五月にあった足蹴事件）とエ（斎藤利三に関する一件）だけが消去から逃れたわけである。A⑤の中では、四国対策をめぐる対立のみを残している。

残されたこれら三件は一つに繋がる。つまり、四国対策の変更に対して最も先鋭的だったのがほかならぬ斎藤利三であり、足蹴事件もそれをめぐってのトラブルではなかったか、という意味である。そして、A①・C①の素因さえ加われば、この件は、光秀に謀反を決意させるに十分な動機になっただろうと思われるのである。

A①・C①の素因と同様、Dの野望も光秀になかったとはいえない。ただ、周囲の情勢を眺めた時に沸き起こった野望だけで、刹那的に光秀が主殺しへと跳躍するとは思われない。野望に加えて、何らかの引き金になる出来事があったのであろう。今のところ、四国対策をめぐる諍いが有力、と言うにとどめて、次に進みたい。

信長の四国対策転換に対する光秀の苦悩

長宗我部氏取次役・明智光秀

信長と長《ちょう》宗《そ》我《か》部《べ》元親《もとちか》との付き合いは、次の文書から始まる。

惟任日向守（明智光秀）に対する書状、披見せしめ候。よって阿州面（表）に在陣もっともに候。いよいよ忠節を抽《ぬき》んでらるべき事、簡（肝）要に候。

次に字の儀。信を遣わし候。すなわち信親然るべく候。なお惟任申すべく候なり。謹言。

十月廿六日　信長

長宗我部弥三郎殿

（『土佐国《とさのくに》蠧簡《とかん》集《しゅう》』）

宛名の長宗我部弥三郎というのは、元親の長男。父親の元親から息子の元服《げんぷく》にあたって信長に偏諱《へんき》（一字を与えてもらうこと）の依頼があった。信長が承知し、「信」の字を与えたわけである。以後、弥三郎は「信親《のぶちか》」を名乗ることになる。

この文書を、『土佐国蠧簡集』の編者は天正三年（一五七五）に比定している。この年の七月、元親は土佐の平定を完了し、初めて阿波《あわ》にまで兵を派遣したところである。この年信親は十一歳なので、やや幼い気もするが、天正三年というのはまちがいなさそうである。ところで、文書を見てわかる通り、信長と長宗我部氏の間に立って取次役を果たしているのは、明智光秀なのである。

元親の正室は幕府奉公衆《ほうこうしゅう》の石谷《いしがい》光政の娘。男子のない光政は、美濃《みの》の斎藤伊豆守《いずのかみ》の長男（兵部少輔頼辰《よりとき》）を養子にしていた。伊豆守の二男が斎藤利三《としみつ》である。複雑な関係だが、利三はこのような縁で長宗我部氏と結ばれていたのである。利三の主君である光秀が、この縁によって長宗我部氏との取次を任されたものかどうかはわからないが、この役は少なくとも天正八年の暮までは続いている（『土佐国蠧簡集』）。

信長の四国対策の転換

信長と元親とが交流を始めた天正三年頃の時点では、信長は長宗我部氏の勢力を利用しようという考えだった。それは、阿波を本拠とする三好党《みよしとう》への対抗策にほかならない。それで元親には、「四国の儀は元親手柄次第に切取り候へ」との朱印状《しゆいんじよう》を渡したという（『元親記』）。

ところが、三好康長《やすなが》をはじめとする三好党がことごとく降《くだ》ってくると、信長の対長宗我部氏対策も変更せざるをえなくなった。しかも元親の勢いはすさまじく、軍の進攻は阿波にとどまらず讃岐《さぬき》・伊予《いよ》をも侵し、まさに四国全域を包み込もうとしていた。

信長にしてみれば、四国対策は悩みの種だったと思われる。特に阿波は三好氏の本拠地である。長宗我部と三好との競合の場になることは明らかである。おそらく信長は、元親に切り取り次第の領有を認めたことを後悔したことだろう。

天正九年の後半頃だろうか、信長はあらためて元親に通達した。本国の土佐と阿波の南半国は安堵《あんど》するが、讃岐と伊予の占領地は召し上げる、と。

この約束変更に接して、当然元親は怒った。「四国の御儀は某が手柄を以て切取り申す事に候。更に信長卿の御恩たるべき儀にあらず」（『元親記』）。もっともな言い分である。

困ったのは、信長と元親の間に立っていた光秀である。元親室の義兄（斎藤利三の実兄）の石谷頼辰を元親のもとに遣わして説得した。だが、元親は承知しなかったのである（『元親記』）。

四国担当からはずされた光秀

信長と軍事衝突する事態となったならば、長宗我部氏は滅亡に追い込まれかねない。光秀はそう判断したであろう。ともかく元親に、土佐一国と阿波半国の安堵で承知させねばならない。繰り返し元親を説得するのが、この時の光秀の使命だった。

ところが、そうした光秀を無視して、阿波北部で苦戦を続けている三好党を救援するという仕事が、羽柴秀吉に命じられたのである。秀吉はちょうど鳥取城攻囲の最中だったが、黒田孝高《よしたか》に書を送り、仙石秀久《せんごくひでひさ》や生駒親正《いこまちかまさ》と協力して、木津《きづ》城・勝瑞《しょうずい》城救援に向かわせている（『黒田家文書』）。この書状の日付が九月十二日ということは、まだ光秀が元親の説得に努めている最中ではなかろうか。

続いて十一月、黒田・仙石ら秀吉麾下、および池田元助の軍勢は、毛利方に付いていた淡路の安宅《あたぎ》清康を攻めて、淡路《あわじ》全域を占領した（『信長公記』『黒田家文書』）。以後、この淡路の地が、四国攻撃のための前線基地となる。

翌十年二月九日、信長は武田攻めを前にして、各国の部将たちに当面の軍事行動を指令した。そのうちの一ヵ条に、「一、三好山城守（康長）、四国へ出陣すべきの事」とある。この後まもなく康長の軍が渡海して、阿波にいる一族の救援に向かったのであろう。

長宗我部氏担当だった光秀はどうしていたのだろうか。

丹波・丹後を平定した以後、光秀の軍事行動は途絶えている。この間、秀吉の鳥取城攻めの応援の予定もあったが、結局、出陣することはなかった（『信長公記』）。先にあげた二月九日付けの指令書では、信長に従って武田氏を攻める役割を与えられている。そして、実際に武田攻めに従軍する。しかし、先鋒の信忠軍により武田氏は滅びてしまい、光秀はまたも戦場で活躍する機会がなかった。

三年間近くも、光秀は手すきの状態が続いている。それにもかかわらず、ずっと担当していた長宗我部氏との外交の仕事も実質上取り上げられてしまった。謀反を起こすまでの光秀は、このように無聊《ぶりょう》をかこつ状態だったのである。

四国討伐軍の編成

信長のほうの違約によって、織田・長宗我部の間は手切れになった。信長の当面の課題に、四国討伐が加えられることになった。

五月七日、信長の三男・神戸信孝に、四国討伐の命令が下された。このあたりの経緯は、「再現　本能寺の変」の章の中で述べた通りである（三四～三六頁）。信孝は三好康長の養子となって名門三好氏を継ぎ、四国平定後、讃岐一国を経営することになった。養父の康長には三好氏本貫の地・阿波が与えられた。戦いになる以上、長宗我部氏が四国に生き残る道は、ほとんど閉ざされたといってよい。

さて、戦国の習慣の一つとして、仲介役を務めた部将が討伐役に移行する、という形がある。毛利氏との仲介役を長年務めていた羽柴秀吉は、その後、毛利氏攻めの司令官になっている。北条氏の仲介役だった滝川一益《かずます》が、武田氏滅亡後上野《こうずけ》に置かれて、北条氏を押さえる役割を果たしている。戦うといっても、常に和戦両方の覚悟を持っていることが肝要である。そうした意味で、仲介役だった者が戦いを主導するのが適任といえる。

それを考えると、この四国攻めの司令官は、光秀が最適ということになる。光秀ならば、これまでの長宗我部氏との関係から、戦いながら和平への道を探り、なんとか長宗我部氏を存続させる方法を講じたかもしれない。だが、司令官が連枝衆の信孝ならば、長宗我部氏の運命はここに定まった、といわねばならない。

光秀の決断を追って

四国対策の転換を受け止めて

信長の四国対策の転換は、光秀にとって相当な打撃だったはずである。長宗我部元親《ちょうそかべもとちか》にとってみれば、四国さえ安堵《あんど》されれば、それ以上は望まない。信長の下で四ヵ国を知行し、九州攻めの先鋒《せんぽう》を務めるなどの働きをして、日本統一が成ったなら、大大名として家を存続させていく。光秀との交渉も、このようなことを前提に行われてきたにちがいない。

ところが、信長と元親の間に三好《みよし》氏が割り込んでくることによって、信長の四国対策が大きく変わってしまった。光秀は、あくまでも信長家臣の立場で、土佐《とさ》と阿波《あわ》半国という信長の裁定を元親に呑ませるしかない。

苦境に立たされた光秀に、強い影響を及ぼしたと思われるのが、老臣の斎藤利三《としみつ》である。利三が稲葉一鉄のもとから光秀に転仕したのはいつのことかわからないが、光秀の対長宗我部外交に大いに力になってきたものと推測される。四国対策転換に直面して利三は、元親の縁者だけに、光秀以上に信長の変節に批判的だったはずである。しかし、利三とても戦国武将の一人、これまで誓紙など反故《ほご》にされる場面をいくらでも見てきている。しかも、長年信長のもとで活躍してきた。信長の違約は戦国の習いと冷静に受け止め、兄石谷を通じて元親の譲歩をひたすら説得したにちがいない。

しかし、光秀・利三が歯ぎしりする事態が段階を追って進んでくる。まず、元親の説得中なのにかかわらず、阿波の三好に露骨に応援軍を送ったことである。秀吉配下の黒田・仙石《せんごく》たちの軍である。

光秀が秀吉を、普段から嫌悪していたかどうかはわからない。だが、主君信長の命令とはいえ、本来四国担当の自分を無視して四国に兵を送る秀吉に、光秀がよい感情を持つはずはないであろう。それに加えて光秀には、長年四国を担当し、しかも今手すき状態にいる自分を、なぜ信長が用いないのか、思うたびに索莫とした気分が襲ったにちがいない。

ついに信長と元親とは、完全に手切れ状態になった。だが、信長にはすぐに四国討伐軍を派遣する余裕はなかった。東方の武田氏討伐の機会がおとずれたからである。

信長はとりあえず、三好一族の長老で河内《かわち》半国に封じている三好康長《やすなが》を阿波に出陣させ、長宗我部軍を支えさせた。そして、武田攻めの軍を起こした。光秀の軍団は、その武田攻めのほうに動員された。

光秀は亀山《かめやま》を出陣し、京都を経て安土《あづち》に集合、三月五日に信長に従って安土を出陣する。信長自身の出陣が予定よりかなり遅れただけに、信濃《しなの》・甲斐《かい》では、すでに先鋒信忠《のぶただ》軍の手で武田氏を追い詰めた状態になっている。戦いに行くというより、戦後の見回りのための軍である。

四日、京都から出発する光秀軍。

今日、明智人数しなの（信濃）へちりちりとこし候なり。今度大事の陣の由申す。人数各いかにもしほしほしたるてい（体）にて、せうし（笑止）なるよし京はらへ（童）の言なり　（『晴豊公記』）

五日、安土より出陣の光秀軍。

盛方院浄勝安土より罷り上る。（中略）日向守殊更人数多く、奇麗《きれい》（綺麗）の由語る　（『兼見卿記《かねみきようき》・別本』）

大身だけに兵数は多く、一見見栄えする軍だったであろう。しかし、亀山から京都に入った時には、統制がとれず「ちりちり」であり、士気の上がらぬ「しほしほしたるてい」だったという。指揮官光秀のこの時の心理状態を反映している、とするのは考えすぎだろうか。

鬱々とした日々を送っている光秀・利三にさらに追い討ちをかけたのは、五月に決定された四国討伐の陣容であった。いや、陣容ではなく、それ以前、織田政権が本腰を入れて四国討伐に乗り出すという政策そのものだったかもしれない。光秀にはまだ、元親を説得することによって事態を打開する、というかすかな希望があったかもしれないからである。

一万四千という大軍、総大将は信長の息子の信孝《のぶたか》。三好康長が養父の立場で信孝を補佐する。讃岐《さぬき》・阿波・伊予《いよ》のみならず、土佐さえも長宗我部から奪い取る、というプラン。もう、長宗我部氏の滅亡はここに決定した、といってよい。

光秀は信長に抗議した。フロイスが耳にした二人の諍い、「彼の好みに合わぬ要件で、明智が言葉を返すと、信長は立ち上がり、怒りをこめ、一度か二度、明智を足蹴《あしげ》にしたということである」(『日本史』)という小事件について、桐野氏は、四国対策をめぐる諍い、と推測している(桐野①)。その可能性はかなり高いと思う。

光秀は、長宗我部氏を救うことを断念せざるをえなかった。長年取次役を務めて、こうした事態になったことは、たしかに面目を潰されたといえる。しかし、信長に仕えながら、いちいち面目にこだわって過ごすことなどできないのは、承知の上である。それ以上に光秀は、自分の危機を感じざるをえなかった。二年前の佐久間信盛《さくまのぶもり》・林秀貞《ひでさだ》のように無用の長物として追放されるのではないか、という危機感である。光秀には十分、その理由があったのである。

光秀の年齢

光秀の年齢は、本能寺の変を起こした時、五十五歳ということになっている。なぜ五十五歳かというと、『明智軍記』にそのように書かれているからである。他の文献を見ると、『綿考輯録《めんこうしゅうろく》』に五十七歳、明智氏の系図類も五十五歳か五十七歳、このどちらかでまとまっている。

しかし、光秀が死んでから百年以上もたって成立した『明智軍記』、細川家に伝わった史料をもとにしたとはいっても、完成が十八世紀終わり頃の『綿考輯録』、それに得体のしれない系図類では、そのまま信用するわけには行かない。

ところがただ一つ、比較的信用できる史料に、光秀の年齢が記されているのである。『当代記』である。

『当代記』については、「再現　本能寺の変」の章で簡単に解説した通りである（二一六頁参照）。信長の時代の記事は小瀬甫庵《おぜほあん》の『信長記』に拠ったかと思われるところが多く、決して一級史料とはいえない。しかし、『信長記』や他の史料に見られないのに、史実として確かめられる記事も散見するのである。特に、所々に付けられている付記は、かなり信用できる記事が多い。

付記とは、例えば次の条文の中の傍線で示した部分で、本文の一行分に小文字で二行にして書かれている。

（天正元年四月）信玄三男四郎勝頼《かつより》その跡を継ぐ。信甲駿西上州の主たり。信玄嫡子は先年謀反に依り生害さる。二男は盲目なり

（天正七年）四月七日申刻、家康公若君誕生、後征夷将軍秀忠公是也

さて、本能寺の変直後の記事に続けて、次のような付記がある。

三日（中略）たちまち天責を蒙り、同十三日に相果て、跡方なく成る。時に明知歳六十七

同六月十三日合戦。（中略）山科《やましな》に於いて遁《のがれ》来り、百姓等に打ち殺さる。歳六十七

六十七歳というのは、当時にあってはかなりの老齢である。信長の家臣では、秀吉四十

図14　明智光秀（本徳寺蔵，滋賀県立安土城考古博物館図録『是非に及ばず』より）

六歳、丹羽《にわ》長秀《ながひで》四十八歳、滝川一益五十八歳。天文年間にしてすでに織田家の家老だった柴田勝家でさえも、五十六〜六十一歳と伝わっている。六十七歳とほぼ同年齢、あるいはそれ以上の重臣というと、稲葉一鉄《いってつ》（六十八歳）、村井貞勝《さだかつ》（七十歳近くか）、武井《たけい》夕庵《せきあん》（七十歳代）、松井友閑《ゆうかん》（七十歳前後か）ぐらいである。このうち戦場で働いているのは稲葉だけ、あとは吏僚である。

光秀と秀吉は、信長の下で地位を競い合ったライバルだった、とされている。そのため、年齢的にもあまり差がないかのような先入観ができている。さらに、堺の本徳寺《ほんとくじ》蔵の光秀の画像が比較的若く見える、ということも影響しているだろう。だが、光秀の年齢を検証しようとするならば、『明智軍記』などの五十五歳より、『当代記』付記の六十七歳のほうに信を置くのは当然の姿勢であろう。

光秀が天正十年当時六十七歳というのは、彼の武将としての活躍期に照らして意外のようだが、逆に、うなずけることもいくつかある。

その第一は、同じ『当代記』にある記事である。天正十年五月条の中に、次のような文がある。

（本文）十八日岡崎。（付記）何《いずれ》の御泊《おとまり》においても、惟任（光秀）は老人なりとて、御座所の驢《やが》て御近所に宿を仰付けらる

信長が老人の光秀を思いやって、本陣の近所に宿泊所を設けさせた、というのである。

第二に、『川角《かわすみ》太閤記』の表現。謀反を決意した光秀が重臣たちを説得する条《くだ》りである。

老後のおもい出に、一夜たりとも天下の思い出をすべきと、此の程、光秀は思い切り候

第三は、六月九日付け、長岡（細川）藤孝宛ての書状の文面である。これは後に引用して検討するが、早々と隠居してすべてを息子たちに譲る、といかにも老人らしい言い回しをしている。

老齢の光秀の思惑

なんとか信長と長宗我部元親双方の妥協点を探って苦労してきた、光秀の努力も水泡に帰した。最後の一年近くの間、光秀はあえて四国問題から遠ざけられてきた。そしてあげくの果て、光秀を完全にはずした形で四国討伐軍の派遣となった。

四国討伐の代わりに、光秀には中国方面軍の援軍の役割が命じられた。しかし、この役割は、同年春の武田攻めと同じく、戦いの後始末程度の仕事にすぎない。

自分が再び華々しく活躍できる場は、訪れるのだろうか。六十七歳の光秀は思いをめぐらせる。

老齢の上に、このところさしたる働きがない。四国問題で衝突して、主君の信長の覚えもわるくなった。佐久間・林たちと同じく、まるで言い掛かりのような理由をつけられて、自分もまた放り出されるのだろうか。

自分はよい。もう老い先短いのだから。息子は、明智家は、自分がいなくなった後、どうなってしまうのだろうか。光秀の気持ちは、ここで絶望的に落ち込む。六十七歳という老齢なのに、嫡男はまだ幼かったのである。

光秀の嫡男は十五郎という名である。『明智光秀張行百韻《ちょうぎょうひゃくいん》』（愛宕《あたご》百韻）の参加者の中に、一句のみ詠んでいる「光慶」という者がいるが、これが十五郎である。イエズス会の『一五八二年日本年報追信』によると、わずか十三歳だったという。

光秀の子女は、系図類には大勢記されているが、確かなのは十五郎光慶とその弟一人、そのほか、荒木村次《むらつぐ》室から明智秀満《ひでみつ》室になった娘、津田信澄《のぶずみ》室、長岡（細川）忠興《ただおき》室である。娘たち三人はいずれも光慶より年長で、姉であることはまちがいない。三女と思われる忠興室は、この年二十歳。他の二人も、まだ二十歳代のようである。子どもを授かったのが遅く、しかも、娘ばかりが続いて、ようやく十五郎が生まれた、ということだろう。まだ少年の十五郎を思い浮かべながら、光秀は悩んだ。鬱々とした気持ちの中で将来のことを思いめぐらせた。

自分が追放されたら、息子も含めて家族みなが路頭に迷う。その可能性もかなりある。自分が老齢を理由に隠居をしたらどうなるか。信長のことである。まだ使えない十五郎を取り立ててはくれないだろう。

では、いっそどこかで討ち死にしたら、無事に跡を継がせてくれるだろうか。光秀は、統一戦半ばで散っていった同僚を思い浮かべた。森可成《よしなり》、坂井政尚《まさひさ》、塙《ばん》直政……。息子が相応に取り立てられたのは、森ぐらいなものである。坂井の子越中守《えっちゅうのかみ》は、馬廻《うままわり》にとどまってはいるが、父のような一城の主ではない。塙の息子に至っては、どういうわけか一族とともに追放されてしまった。

どう考えても、丹波《たんば》一国はおろか、坂本《さかもと》城一つさえ息子に残す方策はなかったのである。変の七日後、光秀は、長岡藤孝に宛てて、書状をしたためている。第一条は加勢の哀願、第二条はそれに対する恩賞のこと、そして第三条は次のように綴られている。

一　我等不慮の儀存じ立て候事、忠興など取立て申すべきとての儀に候。更に別条なく候。五十日百日の内には、近国の儀相堅かるべく候間、その以後は十五郎、与一郎（忠興）殿など引渡し申し候ひて、何事も存ずまじく候。（下略）

畿内・近国が治まったなら、自分は隠居をして、後は十五郎や忠興に任せよう、というのである。

従来は、無欲を装った、単なる光秀のポーズととらえられてきた。しかし、実際に光秀には、信長に代わって政権を左右するなどという野心はなかったのではないだろうか。ここに表われた文言は、案外と光秀の真情を吐露しているのではないか、と思われるのである。

落ち込んではいても、謀反にまで飛躍するには、さらに何らかの刺激が必要である。その刺激を光秀に与えたのが、斎藤利三であろう。

謀反の決心

本能寺の変における利三の役割は、単に謀反人明智光秀の老臣といった軽いものではない。利三が長宗我部氏の縁戚であること、四国対策の転換に憤慨していたこと、信長に反抗する分子の急先鋒だったこと、これらのことを光秀の家中に詳しい公家などは、すべて知っていた。利三が捕えられて京中を引き回された時、山科言経《やましなときつね》と勧修寺晴豊《かじゅうじはれとよ》は、次のように日記に記している。

　日向守《ひゅうがのかみ》（光秀）内斎藤蔵助（利三）、今度謀叛随一也（『言経卿記』）

　早天に済藤蔵助（斎藤利三）と申す者、明智の者也。武者なる物也。かれなど信長打ち談合の衆也（『日々記』）

利三には、四国対策転換のほか、もう一つ信長に対して含むものがあった可能性がある。先に怨恨説のところで紹介した、稲葉から明智へと主を代えた件である（二〇七頁参照）。信長が執拗に、利三を稲葉に返すよう迫っていたことも考えられる。ともあれ、利三が信長不信を唱えて、光秀の謀反を促す役割を果たしたことはほぼ確かであろう。

五月十七日、家康の接待役を免じられて、中国出陣の命令を受けた光秀は坂本城に入った。ここで光秀は九日間を過ごす。出陣の準備もあっただろうが、そのほかの時間をどのように過ごしていたのかは明らかでない。

二十六日、光秀は坂本を出発して、丹波亀山の居城に入った。翌二十七日、愛宕山に登った。社前で二、三度くじを引き、その後、威徳院《いとくいん》西坊に泊った。翌日には「愛宕百韻」として知られる光秀主催の連歌会が催される。

出陣を前にした武将が、愛宕社の勝軍地蔵に詣で、くじで吉凶を占い、連歌会を催す。すべて自然の行動である。しかし、この時の光秀の胸には、利三の扇動の言葉が反芻されていたのではあるまいか。そして、事の成否について、何度も考えたであろう。

大身の同僚はすべて遠隔地にいる。唯一畿内にいて大軍を擁しているのは四国討伐軍だが、これも六月早々に渡海する予定である。信長を討ち取った後、すぐに反撃を受ける心配はない。ちょうど徳川家康が上京しているが、京都から堺に移動する予定である。それに付き従う者は三十人余り、これは無視してかまわない。

あとは討伐すべき信長の状況である。信長は近日中に京都にやってくる。京都に宿泊している時に襲えば、まちがいなく倒せる。宿泊場所は昨年から利用している本能寺。馬廻たちが三々五々京都に入ってきているが、京都のあちこちに散って宿泊している。集まっても、千か二千ほどの軍勢にすぎない。

問題は信忠である。光秀はここで考え込んだにちがいない。信忠は信長に先んじて、今上京中。これから家康とともに堺へ赴く予定だったからである。

信長を倒しても、信忠が無事ならば、織田家臣たちはその下に結集するだろう。すでに織田家家督を譲られて七年、その間、何度も織田総軍の指揮を執っている信忠である。信長がいなくとも十分の求心力がある。謀反を起こすならば、信長のみならず信忠をも葬らねばならない。

堺に刺客を向けることまでは、光秀は考えなかっただろう。この度の謀反を、一度は断念したかもしれない。

信忠が予定を変更し、父を迎えるため京都にとどまることを決めたのは、二十七日かその直前である。五月二十七日付けで森乱（蘭丸《らんまる》）に宛て、堺見物を延期し、京都に信長を迎える旨を伝えている（『小畠文書』）。

光秀は、京都から近い愛宕山にいる。信忠の予定変更はすぐに知ったであろう。信忠が京都にとどまる。これを聞いた時、光秀はどう思っただろうか。天が自分に謀反を促している、このように思ったかもしれない。

ときは今　あめが下《した》知る　五月《さつき》哉《かな》

謀反の決意の表明としては露骨すぎる。本当は「あめが下なる」だったのかもしれない。いずれにしても、光秀が六月二日の未明に信長と信忠を襲う決心は、この発句《ほっく》を詠む直前にようやく定まったのであろう。

光秀の挫折

首尾よく信長と信忠《のぶただ》を倒したものの、その後の光秀には誤算が重なった。誤算の第一は、当然味方になると期待していた者が駆け付けなかったことである。

山崎の戦いと光秀の死

最も期待していた細川（長岡）藤孝は、信長の死を聞くや剃髪《ていはつ》して弔意を表し、光秀の加勢の要請にとうとう従わなかった。次に期待を寄せていた筒井順慶《つついじゅんけい》は、最初こそ援軍を派遣したもののじきに兵を帰還させ、その後は郡山《こおりやま》城に籠って悶々の日を送るだけであった。そして、最後は信孝《のぶたか》・秀吉に通じた。結局、光秀に与党した者は、近江《おうみ》と若狭《わかさ》の国衆《くにしゅう》たち、いずれも小身の者たちばかりだった。

誤算の第二は、備中《びっちゅう》で釘付けになっていたはずの羽柴秀吉が、驚くべき速さで東上してきたことである。筒井の拒絶に会って、光秀が空しく洞ヶ峠《ほらがとうげ》から下鳥羽《しもとば》に戻った六月十一日、秀吉はすでに尼崎《あまがさき》まで上っていたのである。

十二日、丹羽長秀《にわながひで》と摂津《せっつ》の池田恒興《つねおき》・高山重友・中川清秀たち、十三日には信孝が秀吉軍に合流した。おそらく二万ほどの軍勢になったであろう（拙著『秀吉戦記』）。一方の光秀軍は、期待していた細川・筒井に見放された上、最有力の家臣の明智秀満《ひでみつ》を安土《あづち》にとめざるをえなかった。こちらは、一万足らずの兵しか動員できなかったと思う。山崎《やまざき》の戦いの勝敗の帰趨はここでほぼ決したといってよい。

十三日夕刻より始まった戦闘は、その日のうちに決着がついた。敗れた光秀はいったんは勝龍寺城《しょうりゅうじじょう》に入る。光秀はそこを夜陰にまぎれて抜け出し、坂本《さかもと》まで行こうとする途中、土民の手にかかって最期をとげた。光秀最期の地は、一般には小栗栖《おぐるす》とされているが、当時の日記・文書では、山科《やましな》あるいは醍醐《だいご》近辺とも書かれている。

羽柴秀吉の台頭

本能寺の変という政変は、山崎の戦い、光秀の死をもっていちおう一段落を迎える。この政変の勝者は、信長を討った光秀ではなく、光秀を倒した秀吉だった、ということが、他の政変と異なるところである。つまり二度の政変が半月以内に起ったということになる。

山崎の戦いからおよそ半月後の六月二十七日、清須《きよす》城において会議があった。羽柴秀吉・柴田勝家・丹羽長秀・池田恒興の四人による話し合い、清須会議である。議題は二つ、織田家家督の選定と欠国（主のいなくなった地域）の分配である。ここで秀吉は、弔合《とむらいかっ》戦《せん》の功績を最大限に利用し、終始会議をリードすることによって、織田家の中に確固たる地歩を固める。

さらに秀吉は、最大のライバル柴田勝家の追い落としと織田家の無力化への作戦を展開し、一気に天下人へと跳躍することになる。本能寺の変は、結果的には、秀吉の新たな政権への道の幕開けとなったわけである。

再検証を終えて——エピローグ

関与・黒幕説の限界

「関与・黒幕説の再検証」の章でいろいろな関与・黒幕説を批判した。最初に取り上げた「朝廷関与（黒幕）説」については、織田信長と朝廷との関係に重点を置いて論じた。信長政権の基本的理解に関わることだけに、本能寺の変真相解明というテーマからややはずれるけれど、それなりに意義のある論議になったと思う。ただ、小テーマそれぞれの中で、長い間正反対の説が対立している状況が続いているだけに、論争にどれほどの刺激を与えたかどうかは疑問である。

筆者の言いたいことを一言で表現すると、信長を極端に特別視してはいけない、ということである。足利将軍—豊臣秀吉—徳川将軍と、いちおう公武協調路線を維持しているのに、なぜ信長の時代だけが公武対立なのだろうか。その跡を明確に示すような史料でもあるのだろうか。

近年、安土《あづち》城伝本丸跡に天皇の御幸のための建物跡らしい遺跡が見つかった。当然天主より低い位置にある。それをもって、信長は天皇を見下ろそうとした、天皇を超えた地位を望んだ、などという短絡的結論を出す研究家もいる。これなど、信長をはじめから特別視している端的な例といえよう。

個性が強く、傍若無人《ぼうじやくぶじん》だっただけに、信長はたしかに周囲から恐れられていた。その死を聞いて、公家《くげ》や僧侶の中では喜んだ者のほうが多かったかもしれない。かといって、朝廷の謀略によって殺された、などと決めつけるのは飛躍以外の何ものでもない。

謀略による、という見方は、「足利義昭《よしあき》関与（黒幕）説」「秀吉関与（黒幕）説」も同じである。これらの説に共通しているのは、結論のほうがはじめにあって、史料をその結論に合わせて曲解してしまう、ということである。「本願寺《ほんがんじ》教如《きようによ》首謀者説」もその点は同じであり、この説に関しては、さらに史料の吟味もおろそかである。イエズス会が黒幕で、本能寺の変は会による首のすげ替えなどという説に至っては、その上に信じられないほどの論理の飛躍が加わっている。

一九九〇年代から唱えられるようになった関与・黒幕説は、停滞していた本能寺の変の真相究明というテーマの研究に刺激を与え、研究の大きな進捗をもたらした。特に「朝廷関与（黒幕）説」における、日記など一次史料の綿密な検討は説得力があった。また、一般マニアにまで歴史上の謎解きの面白さに目覚めさせたことも、関与・黒幕説の功績かもしれない。

しかし、この関与・黒幕説にしても、史学本来の厳密な歴史考証は「足利義昭関与（黒幕）説」までだったといえる。その後、無理にこじつけて黒幕をつくりあげるような説が目立つようになり、次第に本来の史学の形から遠のいてしまったようである。

消去法による光秀の動機検証

「光秀の動機を探る」の章では、光秀の動機の再検証を行った。このテーマについては、江戸時代からいろいろな説が唱えられてきた。ところが、そのうちのほとんどは、根拠の薄い俗説にすぎない。それについては、五十年近くも前に高柳光壽氏が明確に指摘したはずである。

それにもかかわらず、その後も、高柳氏が否定した説を反論もないまま復活させるケースが跡を絶たなかった。そのため、作家たちの唱える突飛な説をも含めると、百家争鳴といった有様になってしまったのである。一九七〇～八〇年代、研究家はもっと本腰を入れて、この研究テーマに取り組むべきであった。

再検証は、この百家争鳴の状態の整理から始めなければならない。新史料でも発見されない限り、もう新しい説は出しようがない。これほどいろいろな説がある以上は、必ず真相がその中に含まれているはずである。各説それぞれを取り上げて一つ一つ吟味し、成立しがたい説を消去していくほかに方法はない。

一次史料を使った明確な反論によって消せる説もある。だが、ほとんどは、状況証拠によって否定することになる。どれほどの説得力をもって否定できたかは、筆者自身正直いって確たる自信はない。

こうして否定していく中で、最後に残された説は、信長の四国対策の転換に原因を求めるものである。これならば、光秀が謀反という大事にまで飛躍したのも、ある程度理解できる。

そして、その素地となる事実として、光秀が六十七歳という老齢だったことも述べた。信長に遠ざけられた上、老い先短く、嫡男がまだ幼いと条件がそろえば、光秀がいちかばちかの賭けに出た気持ちもわかる気がする。こうして、筆者独自の結論が導き出されたわけである。

繰り返しになるが、先入観をもって史料に接してはいけない。信用できる史料を選び、それらを素直に読み取り、無理な解釈を避ける。その姿勢を貫くだけで得た結論が以上の通りである。

あとがき

本能寺の変に関する検証、評論・随想、それに本能寺の変に題材をとった小説まで含めたら、いったいいくつぐらいの作品が書かれてきたのだろうか。数百、いやもう一桁多いかもしれない。長い間にわたって、それほど大勢の人たちの関心を集めてきたのが、この歴史的事件なのである。

本能寺の変がこれほどまでに取り上げられてきた理由はほかでもない。謎に包まれた事件だったからである。さらにもう一つ加えるならば、事件の展開が劇的でダイナミックなことである。

忠臣とされていた明智光秀が突然信長を襲った。中央で独裁的権力を振るい、日本統一をも目前にしていた信長が一朝にして倒れた。その光秀もまもなくあえない最期をとげる。間接的にせよ、このような事件に接して、人々の感情がかきたてられるのも当然であろう。しかもこの事件の謎は難解であり、想像の挿入される余地がある。そこから、様々な創作が生まれていったのである。

作品によっては、光秀だけでなく、秀吉から家康・黒田如水《くろだじょすい》・千利休《せんのりきゅう》、イエズス会宣教師まで主要人物として登場する。そして彼らは、それぞれ生き生きと活動する。筋を追っていくだけで楽しい。

小説ならばそれでよい。しかし、歴史というのは、本来過去を忠実に再現するところから始まる「科学」であるはずである。そのためには、信憑性の高い文献だけに頼るよう心掛け、さらに無理のない解釈を展開することが当然の姿勢である。そして、想像から導き出す産物は、極力少なくなるようにとどめておかねばならない。

史実のみを求めてゆくと、とかくせっかくのドラマが壊され、無味乾燥のものしか残らない、という結果になりがちである。川中島の戦いでの武田信玄と上杉謙信との一騎討ちという名場面、毛利元就の三矢《さんし》の訓《おし》えという有名な訓戒などなど。どれも史実ではない、と言わねばならないのは、歴史学を専攻する者のつらいところである。

しかし、歴史と創作とは本質的に違うものである。歴史と創作との間にはっきりとした境界線をつくることが、何にも優先して心掛けねばならない仕事である。そして、あくまでも歴史は歴史らしく叙述することこそ歴史を専攻する者の務めではないだろうか。

平成十九年三月

谷口克広

著者紹介

一九四三年、北海道室蘭市に生れる
一九六六年、横浜国立大学教育学部卒業
東京都内の中学校教諭を経て
現在、戦国史研究家
主要著書
織田信長家臣人名辞典　秀吉戦記　信長の親衛隊　織田信長合戦全録　信長軍の司令官　信長の天下布武への道（戦争の日本史13）ほか

歴史文化ライブラリー
232

検証 本能寺の変

二〇〇七年（平成十九）五月一日　第一刷発行
二〇一九年（令和元）九月一日　第七刷発行

著者　谷《たに》口《ぐち》克《かつ》広《ひろ》

発行者　吉川道郎
発行所　株式会社 吉川弘文館
東京都文京区本郷七丁目二番八号
郵便番号一一三―〇〇三三
電話〇三―三八一三―九一五一〈代表〉
振替口座〇〇一〇〇―五―二四四
http://www.yoshikawa-k.co.jp/
印刷＝株式会社 平文社
製本＝ナショナル製本協同組合
装幀＝マルプデザイン

ISBN978-4-642-05632-8

歴史文化ライブラリー

1996.10

刊行のことば

現今の日本および国際社会は、さまざまな面で大変動の時代を迎えておりますが、近づきつつある二十一世紀は人類史の到達点として、物質的な繁栄のみならず文化や自然・社会環境を謳歌できる平和な社会でなければなりません。しかしながら高度成長・技術革新にともなう急激な変貌は「自己本位な刹那主義」の風潮を生みだし、先人が築いてきた歴史や文化に学ぶ余裕もなく、いまだ明るい人類の将来が展望できていないようにも見えます。このような状況を踏まえ、よりよい二十一世紀社会を築くために、人類誕生から現在に至る「人類の遺産・教訓」としてのあらゆる分野の歴史と文化を「歴史文化ライブラリー」として刊行することといたしました。

小社は、安政四年（一八五七）の創業以来、一貫して歴史学を中心とした専門出版社として書籍を刊行しつづけてまいりました。その経験を生かし、学問成果にもとづいた本叢書を刊行し社会的要請に応えて行きたいと考えております。

現代は、マスメディアが発達した高度情報化社会といわれますが、私どもはあくまでも活字を主体とした出版こそ、ものの本質を考える基礎と信じ、本叢書をとおして社会に訴えてまいりたいと思います。これから生まれでる一冊一冊が、それぞれの読者を知的冒険の旅へと誘い、希望に満ちた人類の未来を構築する糧となれば幸いです。

吉川弘文館

歴史文化ライブラリー

中世史

列島を翔ける平安武士 九州・京都・東国 — 野口 実
源氏と坂東武士 — 野口 実
平氏が語る源平争乱 — 永井 晋
熊谷直実 中世武士の生き方 — 高橋 修
中世武士 畠山重忠 秩父平氏の嫡流 — 清水 亮
頼朝と街道 鎌倉政権の東国支配 — 木村茂光
大道 鎌倉時代の幹線道路 — 岡 陽一郎
鎌倉源氏三代記 一門・重臣と源家将軍 — 永井 晋
鎌倉北条氏の興亡 — 奥富敬之
三浦一族の中世 — 高橋秀樹
都市鎌倉の中世史 吾妻鏡の舞台と主役たち — 秋山哲雄
弓矢と刀剣 中世合戦の実像 — 近藤好和
その後の東国武士団 源平合戦以後 — 関 幸彦
荒ぶるスサノヲ、七変化 〈中世神話〉の世界 — 斎藤英喜
曽我物語の史実と虚構 — 坂井孝一
親 鸞 — 平松令三
親鸞と歎異抄 — 今井雅晴
畜生・餓鬼・地獄の中世仏教史 因果応報と悪道 — 生駒哲郎
神や仏に出会う時 中世びとの信仰と絆 — 大喜直彦
神風の武士像 蒙古合戦の真実 — 関 幸彦
鎌倉幕府の滅亡 — 細川重男
足利尊氏と直義 京の夢、鎌倉の夢 — 峰岸純夫
高 師直 室町新秩序の創造者 — 亀田俊和
新田一族の中世 「武家の棟梁」への道 — 田中大喜
皇位継承の中世史 血統をめぐる政治と内乱 — 佐伯智広
地獄を二度も見た天皇 光厳院 — 飯倉晴武
東国の南北朝動乱 北畠親房と国人 — 伊藤喜良
南朝の真実 忠臣という幻想 — 亀田俊和
中世の巨大地震 — 矢田俊文
大飢饉、室町社会を襲う！ — 清水克行
贈答と宴会の中世 — 盛本昌広
出雲の中世 地域と国家のはざま — 佐伯徳哉
山城国一揆と戦国社会 — 川岡 勉
中世武士の城 — 齋藤慎一
戦国の城の一生 つくる・壊す・蘇る — 竹井英文
武田信玄 — 平山 優
徳川家康と武田氏 信玄・勝頼との十四年戦争 — 本多隆成

歴史文化ライブラリー

- 近世の巨大地震—矢田俊文
- 江戸時代の孝行者 「孝義録」の世界—菅野則子
- 死者のはたらきと江戸時代 遺訓・家訓・辞世—深谷克己
- 近世の百姓世界—白川部達夫
- 闘いを記憶する百姓たち 江戸時代の裁判学習帳—八鍬友広
- 江戸の寺社めぐり 鎌倉・江ノ島・お伊勢さん—原 淳一郎
- 江戸のパスポート 旅の不安はどう解消されたか—柴田 純
- 〈身売り〉の日本史 人身売買から年季奉公へ—下重 清
- 江戸の捨て子たち その肖像—沢山美果子
- 江戸の乳と子ども いのちをつなぐ—沢山美果子
- エトロフ島 つくられた国境—菊池勇夫
- 江戸時代の医師修業 学問・学統・遊学—海原 亮
- 江戸の流行り病 麻疹騒動はなぜ起こったのか—鈴木則子
- 江戸幕府の日本地図 国絵図・城絵図・日本図—川村博忠
- 江戸の地図屋さん 販売競争の舞台裏—俵 元昭
- 踏絵を踏んだキリシタン—安高啓明
- 墓石が語る江戸時代 大名・庶民の墓事情—関根達人
- 近世の仏教 華ひらく思想と文化—末木文美士
- 江戸時代の遊行聖—圭室文雄
- 松陰の本棚 幕末志士たちの読書ネットワーク—桐原健真
- 龍馬暗殺—桐野作人
- 幕末の世直し 万人の戦争状態—須田 努
- 幕末の海防戦略 異国船を隔離せよ—上白石 実
- 幕末の海軍 明治維新への航跡—神谷大介
- 海辺を行き交うお触れ書き 浦触の語る徳川情報網—水本邦彦
- 江戸の海外情報ネットワーク—岩下哲典

近・現代史

- 江戸無血開城 本当の功労者は誰か?—岩下哲典
- 五稜郭の戦い 蝦夷地の終焉—菊池勇夫
- 水戸学と明治維新—吉田俊純
- 大久保利通と明治維新—佐々木 克
- 旧幕臣の明治維新 沼津兵学校とその群像—樋口雄彦
- 刀の明治維新 「帯刀」は武士の特権か?—尾脇秀和
- 維新政府の密偵たち 御庭番と警察のあいだ—大日方純夫
- 京都に残った公家たち 華族の近代—刑部芳則
- 文明開化 失われた風俗—百瀬 響
- 西南戦争 戦争の大義と動員される民衆—猪飼隆明
- 大久保利通と東アジア 国家構想と外交戦略—勝田政治

歴史文化ライブラリー

明治の政治家と信仰 クリスチャン民権家の肖像――小川原正道
文明開化と差別――今西　一
大元帥と皇族軍人 明治編――小田部雄次
明治の皇室建築 国家が求めた〈和風〉像――小沢朝江
皇居の近現代史 開かれた皇室像の誕生――河西秀哉
明治神宮の出現――山口輝臣
神都物語 伊勢神宮の近現代史――ジョン・ブリーン
陸軍参謀　川上操六 日清戦争の作戦指導者――大澤博明
日清・日露戦争と写真報道 戦場を駆ける写真師たち――井上祐子
公園の誕生――小野良平
啄木短歌に時代を読む――近藤典彦
鉄道忌避伝説の謎 汽車が来た町、来なかった町――青木栄一
軍隊を誘致せよ 陸海軍と都市形成――松下孝昭
家庭料理の近代――江原絢子
お米と食の近代史――大豆生田　稔
日本酒の近現代史 酒造地の誕生――鈴木芳行
失業と救済の近代史――加瀬和俊
近代日本の就職難物語 「高等遊民」になるけれど――町田祐一
選挙違反の歴史 ウラからみた日本の一〇〇年――季武嘉也
海外観光旅行の誕生――有山輝雄
関東大震災と戒厳令――松尾章一
昭和天皇とスポーツ 〈玉体〉の近代史――坂上康博
大元帥と皇族軍人 大正・昭和編――小田部雄次
海軍将校たちの太平洋戦争――手嶋泰伸
植民地建築紀行 満洲・朝鮮・台湾を歩く――西澤泰彦
稲の大東亜共栄圏 帝国日本の〈緑の革命〉――藤原辰史
地図から消えた島々 幻の日本領と南洋探検家たち――長谷川亮一
自由主義は戦争を止められるのか 芦田均・清沢洌・石橋湛山――上田美和
モダン・ライフと戦争 スクリーンのなかの女性たち――宜野座菜央見
彫刻と戦争の近代――平瀬礼太
軍用機の誕生 日本軍の航空戦略と技術開発――水沢　光
首都防空網と〈空都〉多摩――鈴木芳行
帝都防衛 戦争・災害・テロ――土田宏成
陸軍登戸研究所と謀略戦 科学者たちの戦争――渡辺賢二
帝国日本の技術者たち――沢井　実
〈いのち〉をめぐる近代史 堕胎から人工妊娠中絶へ――岩田重則
強制された健康 日本ファシズム下の生命と身体――藤野　豊
戦争とハンセン病――藤野　豊

歴史文化ライブラリー

- 「自由の国」の報道統制 大戦下の日系ジャーナリズム——水野剛也
- 海外戦没者の戦後史 遺骨帰還と慰霊——浜井和史
- 学徒出陣 戦争と青春——蜷川壽惠
- 特攻隊の〈故郷〉 霞ヶ浦・筑波山・北浦・鹿島灘——伊藤純郎
- 沖縄戦 強制された「集団自決」——林 博史
- 陸軍中野学校と沖縄戦 知られざる少年兵「護郷隊」——川満 彰
- 沖縄からの本土爆撃 米軍出撃基地の誕生——林 博史
- 原爆ドーム 物産陳列館から広島平和記念碑へ——頴原澄子
- 米軍基地の歴史 世界ネットワークの形成と展開——林 博史
- 沖縄 占領下を生き抜く 軍用地・通貨・毒ガス——川平成雄
- 考証 東京裁判 戦争と戦後を読み解く——宇田川幸大
- 昭和天皇退位論のゆくえ——冨永 望
- ふたつの憲法と日本人 戦前・戦後の憲法観——川口暁弘
- 鯨を生きる 鯨人の個人史・鯨食の同時代史——赤嶺 淳
- 文化財報道と新聞記者——中村俊介

文化史・誌

- 落書きに歴史をよむ——三上喜孝
- 霊場の思想——佐藤弘夫
- 跋扈《ばっこ》する怨霊 祟りと鎮魂の日本史——山田雄司
- 将門伝説の歴史——樋口州男
- 藤原鎌足、時空をかける 変身と再生の日本史——黒田 智
- 変貌する清盛 『平家物語』を書きかえる——樋口大祐
- 空海の文字とことば——岸田知子
- 日本禅宗の伝説と歴史——中尾良信
- 水墨画にあそぶ 禅僧たちの風雅——高橋範子
- 殺生と往生のあいだ 中世仏教と民衆生活——苅米一志
- 浦島太郎の日本史——三舟隆之
- 〈ものまね〉の歴史 仏教・笑い・芸能——石井公成
- 戒名のはなし——藤井正雄
- 墓と葬送のゆくえ——森 謙二
- 運 慶 その人と芸術——副島弘道
- ほとけを造った人びと 止利仏師から運慶・快慶まで——根立研介
- 祇園祭 祝祭の京都——川嶋將生
- 洛中洛外図屏風 つくられた〈京都〉を読み解く——小島道裕
- 化粧の日本史 美意識の移りかわり——山村博美
- 乱舞の中世 白拍子・乱拍子・猿楽——沖本幸子
- 神社の本殿 建築にみる神の空間——三浦正幸
- 古建築を復元する 過去と現在の架け橋——海野 聡

歴史文化ライブラリー

大工道具の文明史 日本・中国・ヨーロッパの建築技術——渡邊 晶
苗字と名前の歴史——坂田 聡
日本人の姓・苗字・名前 人名に刻まれた歴史——大藤 修
数え方の日本史——三保忠夫
大相撲行司の世界——根間弘海
日本料理の歴史——熊倉功夫
吉兆 湯木貞一 料理の道——末廣幸代
日本の味 醤油の歴史——林 玲子・天野雅敏 編
中世の喫茶文化 儀礼の茶から「茶の湯」へ——橋本素子
天皇の音楽史 古代・中世の帝王学——豊永聡美
流行歌の誕生 「カチューシャの唄」とその時代——永嶺重敏
話し言葉の日本史——野村剛史
「国語」という呪縛 国語から日本語へ、そして〇〇語へ——川口 良・角田史幸
柳宗悦と民藝の現在——松井 健
遊牧という文化 移動の生活戦略——松井 健
マザーグースと日本人——鷲津名都江
たたら製鉄の歴史——角田徳幸
金属が語る日本史 銭貨・日本刀・鉄炮——齋藤 努
書物と権力 中世文化の政治学——前田雅之
書物に魅せられた英国人 フランク・ホーレーと日本文化——横山 學
災害復興の日本史——安田政彦

民俗学・人類学

日本人の誕生 人類はるかなる旅——埴原和郎
倭人への道 人骨の謎を追って——中橋孝博
神々の原像 祭祀の小宇宙——新谷尚紀
役行者と修験道の歴史——宮家 準
幽霊 近世都市が生み出した化物——髙岡弘幸
雑穀を旅する——増田昭子
川は誰のものか 人と環境の民俗学——菅 豊
名づけの民俗学 地名・人名はどう命名されてきたか——田中宣一
番と衆 日本社会の東と西——福田アジオ
記憶すること・記録すること 聞き書き論ノート——香月洋一郎
番茶と日本人——中村羊一郎
柳田国男 その生涯と思想——川田 稔

世界史

中国古代の貨幣 お金をめぐる人びとと暮らし——柿沼陽平
渤海国とは何か——古畑 徹
古代の琉球弧と東アジア——山里純一

歴史文化ライブラリー